이민의
진화

일러두기

- 본문 1~3장에 등장하는 인물을 제외한 나머지 사례 속 인물은 개인 정보 보호를 위해 가명을 사용했다.
- 본문에서 언급한 매체 중 국내 출간 · 소개된 경우 번역된 제목을 따랐고, 국내에 소개되지 않은 매체는 원어 제목을 우리말로 옮기고 원제를 병기했다.
- 인명 및 도시명 등은 국립국어원 외래어표기법을 따랐다.

푸른숲

그들은 왜 국경을 넘었을까?

19세기 말부터 한반도는 많은 변화를 겪었다. 일제강점기로 나라를 잃었고, 두 번의 세계대전을 겪으며 일제 치하에서 벗어나 독립했다. 한국 전쟁과 베트남 전쟁으로의 파병, 군부 독재를 거쳐 민주화 운동으로 얻은 자유와 세계화로 빠른 발전을 이뤄냈다. 이 과정 속에서 국경을 넘었던 한인 청년들은 무엇을 얻고자 했을까?

한인 청년의 해외 이주 경로와 동기, 정착에 필요한 환경 요건은 다양하다. 이 책은 더 나은 세상이라는 꿈을 품고 가족을 떠나거나 가족과 함께 해외로 진출한 한인 청년, 열악한 노동 환경과 인종차별을 겪으며 타지에 정착하거나 혹은 포기할 수밖에 없었던 사람들에 대한 이야기다.

이민 연구에서는 나고 자란 곳을 떠나게 하는 요인을 '배출 요인push factors', 특정 국가로 이민을 결정하게 되는 요인, 즉 끌어당기는 요인을 '유입 요인pull factors'이라고 한다. 청년들이 이민을 고려할 때 무엇이 그들의 인생을 더 나은 방향으로 바꿔줄지 다방면으로 계산하는 과정과 배출 및 유입 요인의 작용을 알아볼 것이다. 그리고 이민을 결정한 종합계산법이 그들의 삶을 어떻게 변화시켰는지 살펴본다.

전 세계 이주민 및 재외한인 현황

먼저 해외에 살고 있는 재외동포 현황을 살펴보자. 외교부 산하 재외동포재단은 전 세계에 흩어져 있는 1세대 혹은 1.5~2세대 한인 동포 현황을 다음과 같이 파악하고 있다.

재외동포기본법 제2조에 의하면, 재외동포는 "대한민국 국민으로서 외국에 장기체류하거나 외국의 영주권을 취득한 사람" 혹은 "출생에 의하여 대한민국의 국적을 보유하였던 사람(대한민국 정부 수립 전에 국외로 이주한 사람을 포함한다) 또는 그 직계비속으로서 대한민국

1 재외동포청, 재외동포 통계 자료(https://www.korean.net/portal/info/pg_knt_01.do).

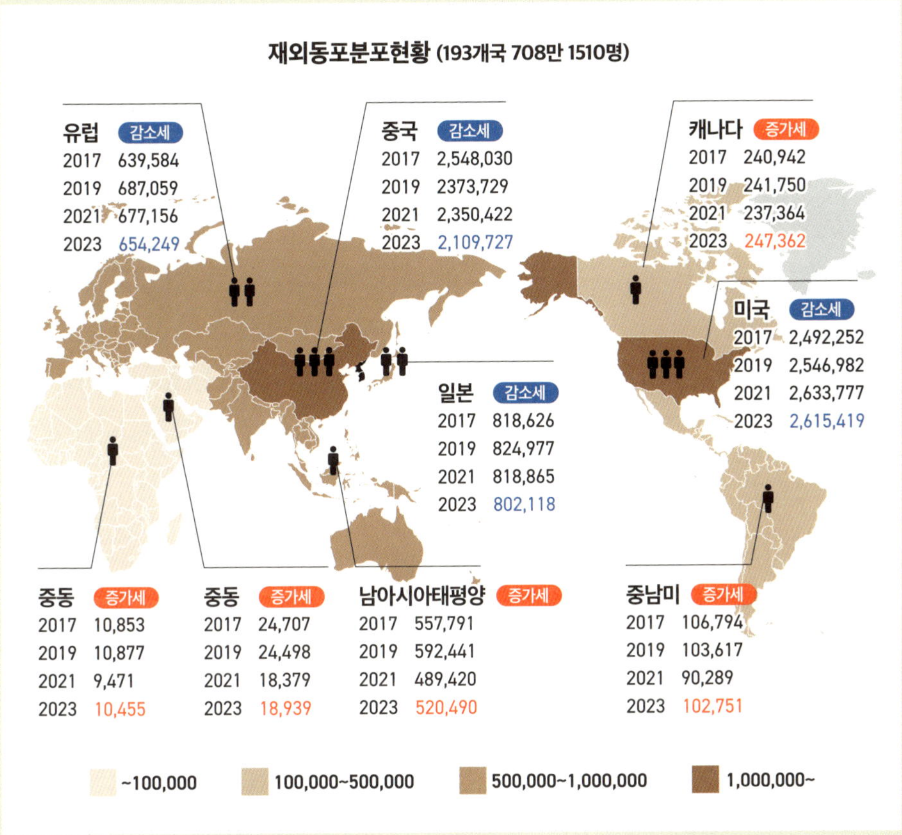

재외동포분포현황 (193개국 708만 1510명)

유럽 감소세
2017 639,584
2019 687,059
2021 677,156
2023 654,249

중국 감소세
2017 2,548,030
2019 2373,729
2021 2,350,422
2023 2,109,727

캐나다 증가세
2017 240,942
2019 241,750
2021 237,364
2023 247,362

미국 감소세
2017 2,492,252
2019 2,546,982
2021 2,633,777
2023 2,615,419

일본 감소세
2017 818,626
2019 824,977
2021 818,865
2023 802,118

중동 증가세
2017 10,853
2019 10,877
2021 9,471
2023 10,455

중동 증가세
2017 24,707
2019 24,498
2021 18,379
2023 18,939

남아시아태평양 증가세
2017 557,791
2019 592,441
2021 489,420
2023 520,490

중남미 증가세
2017 106,794
2019 103,617
2021 90,289
2023 102,751

~100,000
100,000~500,000
500,000~1,000,000
1,000,000~

한반도·대한민국 출신 호주 인구 외 동포 통계 자료[1]

거주자격별 동포현황

(단위 : 명)

지역별		재외국민				외국국적 (시민권자)*	총계
		영주권자	일반체류자	유학생	계		
동북아시아	일본	337,766	61,720	12,414	411,900	390,218	802,118
	중국	9,602	188,846	17,516	215,964	1,893,763	2,109,727
	소계	347,368	250,566	29,930	627,864	2,283,981	2,911,845
남아시아태평양		72,434	317,611	33,833	423,878	96,612	520,490
북미	미국	440,171	607,333	44,092	1,091596	1,523,823	2,615,419
	캐나다	70,566	13,491	15,935	99,992	147,370	247,362
	소계	510,737	620,824	60,027	1,191,588	1,671,193	2,862,781
중남미		52,706	9,452	297	62,455	40,296	102,751
유럽		37,488	69,905	25,667	133,060	521,189	654,249
아프리카		2,158	7,484	664	10,306	149	10,455
중동		120	18,000	698	18,818	121	18,939
총계		1,023,011	1,293,842	151,116	2,467,969	4,613,541	7,081,510

2023년 거주자격별 동포 현황[2]

국적을 가지지 아니한 사람"에 해당한다. 재외동포는 재일교포, 재미한인, 재중조선족, 재러고려인 등 다양하다. 재외동포 인구는 미국이 가장 많으며, 다음으로 중국, 일본, 유럽인데 최근에는 그 수가 감소하고 있다. 반면, 캐나다 및 남반구 전역의 재외동포 인구는 꾸준히 증가하고 있다.

재외동포 인구가 미국, 중국, 일본에 집중되어 있음에도 불구하고 유학생은 동북아시아(29,930명)나 유럽(25,667명)보다 미국(44,092명)과 남아시아태평양(33,833명)에 더 많다. 남아시아태평양 중에서도 영어권 국가인 호주(8,809명), 필리핀(1,481명), 그리고 베트남(4,300명)에 집중되어 있다.[3] 1990년대 이후 시작된 해외 유학 열풍은 경제 발전과 세계 여행 자유화를 통해 엘리트층에서 중산층으로 확대됐다. 호주와 필리핀은 영어권 국가이면서도 북미나 유럽보다 생활비가 저렴하고, 입학 조건이나 학생 비자 요건도 미국에 비해 까다롭지 않다. 베트남은 최근 빠른 속도로 경제 성장을 이뤄내고 있으며 한국 기업의 진출도 늘고 있다. 게다가 물가도 매우 저렴하고 상당수의 대학이 외국인을 대상으로 영어로 교육을 제공한다. 중국, 일본 등 주변 강대국과 유럽을 추월해 남아시아태평양에 유학생이 증가한 이유가 바로 이 때문이다.

2 재외동포청 재외국민 현황(https://oka.go.kr/oka/information/know/status/).

3 재외동포 현황 2023, 31~32쪽(https://www.korean.net/_res/portal/etc/oka_2023.pdf).

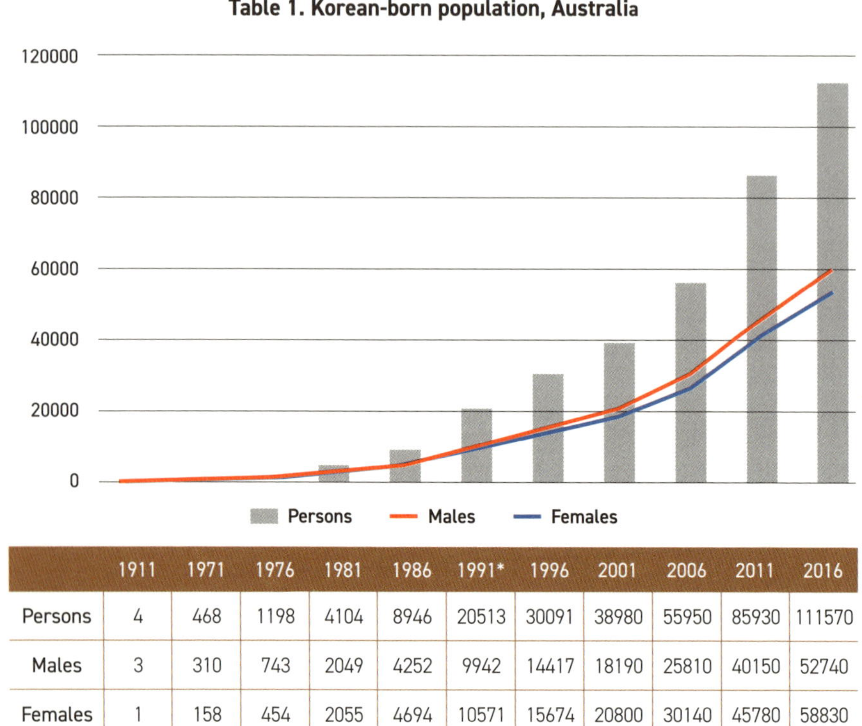

	1911	1971	1976	1981	1986	1991*	1996	2001	2006	2011	2016
Persons	4	468	1198	4104	8946	20513	30091	38980	55950	85930	111570
Males	3	310	743	2049	4252	9942	14417	18190	25810	40150	52740
Females	1	158	454	2055	4694	10571	15674	20800	30140	45780	58830

* The records since 1991 are only for South Korean-born populations. [Source: ABS, Historical Population, Country of Birth. Last accessed 21 September 2021]

한반도·대한민국 출신 호주 인구[4]

그렇다면 호주에는 얼마나 많은 재외동포가 살고 있을까? 외교부에서 파악한 호주 재외동포는 2023년 기준 159,771명으로 남아시아태평양 재외동포 인구 중 30.7퍼센트를 차지한다.[5] 이는 호주 정부가 같은 해에 실시한 인구 조사와 차이를 보인다. 당시 조사 결과, 한국 출신 거주민은 115,360명[6]이었는데, 아마 유학생과 워킹 홀리데이(해외에 체류하면서 단기 취업, 어학연수 등을 병행하며 현지 문화와 생활 등을 체험할 수 있는 기회를 제공하는 프로그램. 이하 워홀) 대상자를 포함하지 않은 것으로 보인다.

호주에서 재호한인에 대한 인구 조사가 처음 이뤄진 건 1911년이다. 그때부터 1971년까지 한국은 개별 국가가 아닌 '타 동양인other Asia'으로 분류되어 자세한 기록 자체가 없다. 그 후로 1991년까지는 남한과 북한을 합해서 조사했고, 1991년에 남북이 유엔에 개별 국가로 가입하면서 통계를 분리했다. 재호한인의 수는 1991년부터 급격히 증가했는데 김영삼 정부의 세계화 정책 방향에 따라 세계 여행 자유화를 실행했기 때문이다.

4 Australian Bureau of Statistics, Historical Population, Country of Birth, Korea.

5 재외동포 현황 2023, 18쪽(https://www.korean.net/_res/portal/etc/oka_2023.pdf).

6 Australian Population by Country of Birth at https://www.abs.gov.au/statistics/people/population/australias-population-country-birth/latest-release#data-downloads.

이주와 이민의 차이

이주와 이민은 비슷해 보이지만, 의미가 다르다. 이주migration는 이민immigration보다 넓은 개념으로, 한 장소에서 다른 장소로의 이동을 뜻한다. 취업이나 학업을 위해 시골에서 도시로 상경하거나 한 국가에서 다른 국가로 단기 또는 계절 이주(특정 계절마다 특정 직업을 위해 다른 장소로 이동하는 것으로, 예를 들어 수확기에 추수를 위해 외국인 노동자를 단기간 고용하는 형태)가 포함된다. 이민은 한 나라에서 다른 나라로 영구적인 정착 또는 장기간 거주를 위한 이동을 의미한다. 이에 따라, 이주와 이민을 연구할 때 고려해야 하는 요소가 상이하다. 국제 이주 연구에 있어서는 국가 간 이동을 가능하게 하는 국가별 원인과 조건, 출입국 국경 관리, 비자의 종류 등을 보는 반면, 국제 이민 연구는 영구 정착이라는 목적 하에 현지에서의 적응, 시민권 획득, 인종차별 및 정체성 문제를 주로 다룬다. 이주와 이민은 자발적 혹은 비자발적으로 행해지는데, 이민의 경우는 일부 인도적 이유를 제외하고는 대부분 이주자의 의지에 의해 자발적으로 계획되고 추진된다고 볼 수 있다.

이주는 가뭄, 홍수, 기근과 같은 자연재해와 전쟁, 인종 분리, 전염병 확산 등으로 인한 비자발적 이주나 강제 이주, 이주자가 더 나은 삶을 개척하기 위해 떠나는 자발적 이주로 구분된다. 자발적 이주는 또다시 목적에 따라 경제 이주, 사업 이주, 가족 이주, 교육 이주 등으로 분류되고, 비자의 종류에 따라서도 나뉜다. 작물의 수확 시기에 맞춰 계절별로 이동하는 이주 노동자, 고용주가 비자 비용을 지불하고 고급 외국인 기술자를 초청하는 형식의 기술 이주 모두 경제 이주에 해당한다. 타국에 있는 가족과 함께 살기 위한 이동은 가족 이주에 속한다. 그중 배우자 비자는 10여 년 전만 해도 이주와 함께 영주권이 주어지는 이민에 해당했으나, 근래에는 호주를 포함한 여러 선진국을 중심으로 정해진 기간 동안(대부분 2년) 혼인과 거주를 유지해야만 영구 이민이 가능한 형태로 바뀌었다. 이런 이민 정책의 변화는 거짓 결혼으로 영주권을 획득하려는 일부 이주민을 막기 위해 마련된 방편이다.

다른 나라에 영구 정착하기 위한 이민 역시 다양한 이유로 결정된다. 인도적 이유로 인해 출신국으로 돌아가지 못하고 안전한 나라에서 영구 정착을 희망하는 사람은 난민 절차를 선택하고, 경제적 혹은 가족과의 결합이 목적인 사람은 고용주나 배우자의 도움을 받아 영주권을 신청한다. 일부 국가에서는 이민 희망자가 일정 금액을 투자하면 영주권을 발급해주기도 한다. 어떤 종류의 이민자를 얼마만큼 수용할지는 각 국가가 정한다. 호주는 필요한 직업군을 선정한 후, 대략 75퍼센트는 경제 이민, 20퍼센트는 가족 이민, 10퍼센트 이내는 난민 및 인도적 이민을 받아들이고 있다.

대부분의 청년 이민자는 40세 미만으로, 활발한 경제 활동을 통해 일정 수준 이상의 수입을 벌어들이며 상당한 금액의 세금을 내고 있다. 정착국에 있어 청년 이민이 중요한 또 다른 이유는 이들 대부분이 이민 과정에서 혹은 그 이후에 해당 국가의 시민을 출산할 가능성이 높기 때문이다. 이 모든 것을 종합했을 때, 영주권이나 시민권을 획득한 청년 이민자들은 정착국이 정한 엄격한 기준과 심사에 합격한 이상적 시민인 셈이다.

한국이 싫어서?
더 좋은 기회를 찾아서?

한인 청년이 한반도를 떠나 다른 나라에 영구 정착하는 이유는 무엇일까? 이들의 선택은 일반적인 이민의 배출 및 유입 요인과 거리가 멀지 않다. 특히 청년 이민과 인간안보human security는 밀접하게 연결되어 있다.

이주와 이민의 유입과 배출 요인은 인간안보 개념으로 설명할 수 있다. 인간안보라는 용어는 1994년 유엔개발기구United Nations Development Programme, UNDP에서 사용하기 시작했는데, 국가와 국방 중심의 국가안보national security가 아닌 사람 중심의 안전과 안보를 강조한 개념이다.[7] 인간안보는 현재 국제정치학계에서 국제 개발, 인권, 이주

7 United Nations Development Programme. 1994. Human Development Report 1994: New Dimensions of Human Security. New York.

등 다양한 분야에서 널리 사용되며 이주와 이민 동기를 파악하는 데 있어 무척 중요하다. 인간안보는 개인personal, 집단community, 정치political, 경제economic, 식량food, 건강health, 환경environmental안보로 나눌 수 있다. 그리고 이민은 인간안보가 더 보장되는 곳으로 끊임없이 예측 불가능하게 일어나고 세대를 거쳐 진화한다.

배출 요인

배출 요인은 거주자를 기존 거주지에서 밀어내는 부정적 요인이다. 식량 부족으로 인한 기아와 가난, 가뭄이나 홍수와 같은 자연재해, 전쟁, 민족 간 분쟁, 정치 및 종교적 박해, 인종차별 등이 기존 거주지를 떠나게 하는 대표적인 배출 요인이다. 본인의 의지로 떠났다고 하더라도 이런 부정적인 배출 요인은 생존과 자유를 위한 어쩔 수 없는 근본적인 강제성을 지니고 있다.

한인 청년 이민자들을 면담하다 보면 한국이 너무 싫어서 도망치듯 나왔거나, 과도한 경쟁 때문에 다시 돌아가고 싶지 않다고 얘기한다.

A는 대기업에 다니다가 번아웃으로 직장을 그만둔 후, 비교적 늦은 나이인 20대 후반에 유학을 택했다. 그는 유학 중에 독일인인 지금의 남편을 만났다. 공부를 마치고 나서는 경쟁이 심한 한국에서 자녀를 키우며 다문화 가정으로 살고 싶지 않아 남편과 함께 외국에 남기로 했다. 부부 둘 다 고학력 전문직에 속했기에 제3국인 스위스

국제기구에서 일하며 정착하기로 결정했다. A가 교육 이주를 택한 배출 요인은 한국의 경쟁적이고 수직적인 직장 문화였고, 경제 이민을 선택한 배출 요인은 선진국 기준에 미치지 못하는 한국 고학력 전문직의 근무 환경과 다문화 가정에 대한 교육 및 사회적 지원 부족 때문이었다.

또 다른 여성은 가정 폭력으로 30대 중반에 이혼한 후 아이와 함께 호주로 교육 이주를 했다가 영구 이민을 선택했다. 그는 전 남편과 그의 지인들, 그리고 이혼한 싱글맘에 대한 편견과 차별이 존재하는 한국으로는 절대 돌아갈 생각이 없었다. 유학 혹은 해외에서 수평적인 문화를 접해본 이들에게 한국 사회의 가학적인 직장 문화와 성차별 및 폭력은 지속적인 부정적 배출 요인이 되고 있다.

유입 요인

기술 이민, 노동 이민을 받아들이는 나라에는 대부분 긍정적인 유입 요인이 있다. 교육, 직장, 가족과의 결합 및 새로운 가족의 형성, 안전, 삶의 질 등이 이에 해당한다. 더 나은 교육을 위한 교육 이민, 좋은 노동 조건과 급여를 제공하는 직장에 취직하기 위한 기술 이민, 해외에 거주 중인 가족이나 배우자와 함께 살기 위해 가족 이민을 결정한다. 쉽게 말하면 좀 더 나은 삶을 살기 위해 자발적이고 긍정적으로 이민을 선택하는 것으로, 이민은 개인의 삶을 진화시키는 도구라고 할 수 있다.

청년은 이민을 결정하기에 앞서 각국의 유입 요인을 비교한다. 임금, 생활비, 집세와 집값, 세금, 건강보험, 복지 혜택, 영주권과 시민권 취득 확률, 한인 사회의 유무 등 여러 요인이 있지만, 가장 중요한 것은 현지에 가족이나 친척이 있는지 여부다. 대부분 형제자매나 친척이 미리 정착했거나 거주 경험이 있어서 여러모로 도움을 받을 수 있는 곳을 정착지로 선택한다. 그렇지 않은 경우에는 이민 전문 기관에 맡기거나 인터넷 검색, 지인들에게 습득한 정보를 바탕으로 정착지를 결정한다.

앞서 소개한 A는 제3국으로의 기술 이민을 택했다. 2000년대 후반, 영국은 경제적으로 기울고 있었고 고학력 전문직 이민자에게 많은 기회가 제공되지 않았으며 비자 조건 또한 까다로웠다. 한국이나 독일엔 가족과 지인이 있어 인맥을 통한 도움을 받을 수 있었지만, 부부가 함께 근무 가능한 경쟁력 있는 직장, 사교육 비용과 수직적 직장 문화가 걸림돌이었다. 제3국인 스위스를 택한 것은 안정적 수입과 워라밸의 조화, 그리고 자녀 교육에 있어 다른 나라보다 조건이 나았기 때문이다.

나의 경우도 비슷했다. 영국에서 학위를 마치고 스위스와 런던에서 셔틀 이민(두 나라를 오가며 사는 삶을 의미하며, 왕복 이민이라고도 한다) 생활을 하다가 결혼 후에 싱가포르로 가족 이주를 했다. 경쟁적 임금, 낮은 소득세, 직장에서 제공되는 월세 보조금 등 경제적인 요건이 가장 큰 유입 요인으로 작용했다. 그러나 청년기를 마치고 장년기로 들어서면서 생각이 바뀌었다. 싱가포르는 젊고 건강한 전문직 종사자에게는 천국 같은 곳이지만, 은퇴 후에 경제적인 걱정 없이 생활할 만한 곳이 아니라는 판단에 호주로 기술 이민을 택했다. 깨끗한 자연환경, 무상의료, 연금, 상대적으로 저렴한 주택 가격 등이 유입 요인으로 작용했다.

이 책에서 소개할 다양한 청년 이민의 사례에서 알 수 있듯이, 청년은 스스로와 가족들에게 좀 더 나은 인간안보를 제공하기 위해 이주라는 도구를 사용한다. 동시에 사회와 국가는 청년 이주민을 통해 노동력과 다양한 가치를 제공받으며 경제·사회적으로 발전한다. 청년 이주민과 이들이 속한 사회는 상호의존적이고 보완적인 관계로 얽혀 있으며 함께 진화해간다. 청년 이주민은 인간안보를 바탕으로 한 예측 불가한 종합계산법을 통해 이주 장소와 시기를 결정하고, 이들을 받아들인 사회와 국가는 경제·사회적 성장을 이루면서 또 다른 청년 이민을 유발한다.

청년 이민자는 개개인에게 주어진 환경과 역량을 발휘해 현재보다 더 나은 미래를 준비한다. 따라서 이들이 어디로 향하는지 관찰하면 어느 사회와 국가가 발전할지 예측할 수 있다. 반대로 이들이 떠난다면 그 사회는 앞으로 희망이 없다고 봐도 무방하다.

왜
청년 이민인가?

우리는 왜 청년 이민에 집중해야 할까? 청년 이민을 통해 무엇을 알 수 있을까? 청년 이민은 우리 사회가 걸어온 과거와 앞으로 나아갈 미래를 보여준다. 이들이 어디로 이동했는지 살펴보면 사회의 발전 방향을 진단하고 예측할 수 있다. 청년 이민을 제대로 이해해야 하는 중요한 이유는 다음과 같다.

첫째, 이 책에서 만나게 될 청년 이민의 사례를 통해 이민이 어떻게 개인의 인간안보를 한 단계 더 발전시켰으며, 사회를 변화시켰는지 평가할 수 있다. 우리 모두는 이미 이민자거나 이민자의 자손이거나 혹은 잠재적 이민자다. 지금 일하고 공부하며 살고 있는 장소가 영원하리라는 보장은 없다. 직장의 경우에도 더 좋은 조건으로 제의가 들어오면 보통 이직을 선택하기 마련이다. 국가 간의 이동도 마찬가지다. 이 책에 소개된 다른 이들의 경험을 통해 얻은 교훈으로 우리가 처한 직장 환경, 가정 환경, 각자가 가진 언어 능력, 교육 수준, 기술 유무, 기본 자금과 같은 가용 자원을 최대한 활용해 이민이라는 선택을 할 수도 있다.

둘째, 청년 이민에 주목해야 하는 사회·경제적 이유로는, 이 시기가 생물학적 가임 기간이기 때문이다. 이 시기에 이뤄지는 이민 여부는 본인의 성장과 안전뿐만 아니라, 가족의 생성과 사회 발전에 깊게 연관된다. 한인 유학생을 면담해보면 공부를 마친 남성 대부분은 귀국을 택한다. 부모의 재산이나 가업을 물려받거나, 시부모 봉양 및 제사에 큰 거부감이 없는 여성을 배우자로 만난다거나, 한국어를 쓰고, 한국 음식을 먹고, 한국의 직장 문화를 선호하는 등의 이유로 귀국을 선택한다. 이에 반해, 여성은 외국에 머무는 경우가 훨씬 많은데, 한국의 남성 위주의 직장 문화, 결혼 후 육아 부담과 시댁과의 관계 등을 이유로 해외에 머무는 것을 선택한다. 이렇게 유학을 마친 남녀가 다른 판단을 하는 이유는 한국 사회가 대체적으로 여성보다 남성에게 유리하기 때문이다.

마지막으로 청년 이민이 인구 정책과 긴밀히 연관되어 있다는 점을 제대로 이해해야 한다. 기술과 노동력을 가진 건강한 청년을 잃는 것은 국가적 손실이다. 호주는 현지에 부족한 직업군을 수시로 개정해가며 이민을 통해 필요한 기술과 노동력을 지속적으로 확보해 국력을 성장시켜왔다. 고급 기술이나 노동력을 가진 청년층을 이민자로 받아들이려는 선진국 간의 경쟁은 이미 시작됐는데, 한국은 단일민족이라는 정치 서사에 매여 정부 차원의 전략적인 이민 정책 수립이 지연되고 있다. 더군다나 1990년대부터 제3국을 통해 한국으로 들어온 탈북자 수가 2025년 3월 기준 34,352명이다.[8] 그러나 탈북민조차도 차별과 경제적 어려움을 호소하고 있다. 강대국에 둘러싸인

8 통일부 북한 이탈 주민 최근 현황(https://www.unikorea.go.kr/unikorea/business/NKDefectorsPolicy/status/lately/).

지정학적 위치, 분단 국가라는 위험 요소가 존재하는 한국에서 청년이 계속 다른 나라로 이민을 가고 인력이 채워지지 않는다면 국가적 차원의 손실을 피할 수 없을 것이다. 따라서 청년 이민의 원인을 제대로 이해하는 것이 전략적 이민 및 인구 정책을 세우는 데 있어 매우 중요하다.

우리가 청년 이민 과정에서 집중해서 살펴봐야 하는 부분은 이들이 지닌 문제 해결 능력, 즉 이민 종합계산법이다. 청년 이민자는 교육, 취직, 결혼, 육아 등 인생에 있어 중요한 시기에 이민이라는 결정을 내리고 다양한 문제를 해결하며 환경에 적응해간다. 이민자의 성, 사랑, 출산과 관련된 문제를 성性 시민권sexual citizenship, 사私적 시민권intimate citizenship 혹은 재생 시민권reproductive citizenship이라고 부른다. 결혼과 자녀의 유무, 배우자의 인종 및 성 정체성 등에 따라 시민권 취득에 이르기까지 청년 이민자가 겪는 경험은 각기 다르다. 예를 들어, 자녀를 동반한 부부가 이민을 하는 경우와 독신인 소수 인종 레즈비언 여성이 이민과 영구 정착, 시민권 취득까지의 원인과 결과는 다르다. 두 경우 모두 기본적으로 직업, 언어 능력, 건강, 전과 유무 정도만이 정착국 이민 심사의 기준이 된다. 하지만 후자의 경우에는 이민이 허가됐다고 할지라도 동성 결혼의 합법 여부와 자녀 입양 등 사회화를 이룰 수 있는 커뮤니티의 존재가 영구 정착과 시민권 신청에 지대한 영향을 미친다. 부부라고 할지라도 자녀 유무에 따라 영구 정착과 시민권 결정이 달라진다. 자녀가 있어도 자녀의 성별에 따라, 대한민국에서는 병역 의무에 따라 이민 1세대 청년 부모의 종합계산법이 달라진다. 여기서는 독신 및 기혼, 자녀 유무에 따른 다양한 사례를 소개해 분석할 예정이다.

이 책의 구성

이 책은 총 6장으로 구성되어 있다. 각 장에서는 배출 요인과 유입 요인을 중심으로 인물들이 이민을 선택하게 된 이유, 그리고 시대별 이민의 역사와 진화에 대해 살펴볼 것이다.

1장에서는 강화도 조약이 맺어지던 1876년에 호주 땅에 발을 디딘 존 코리아John Corea를 소개한다. 당시 조선은 주변국으로부터 문호를 개방하라는 압력을 받고 있었으며, 많은 청년이 식량난 해결을 위해 조선을 떠나 해외에서 삶을 개척 중이었다. 존 코리아 역시 마찬가지였다. 호주의 역사 문헌과 아카이브를 통해 19세기 말 호주에 도착한 17세 청년의 삶을 들여다볼 것이다.

2장에서는 호주 최초의 한인 유학생 김호열을 알아본다. 1921년, 모든 조선인이 국적을 잃은 일제강점기 때 호주로 가게 된 김호열의 이야기를 통해 집단안보와 이주의 관계를 이해할 수 있을 것이다. 인간안보에서 집단안보는 특정 집단이나 공동체의 안전과 복지를 보장하는 개념으로, 국가안보와 개인 인권의 중간 지점에 위치한다. 집단안보는 인종이나 국적과 같이 동일한 특징으로 이뤄진 공동체가 외부의 물리적 위협뿐만 아니라 정치, 경제, 사회, 환경의 위협으로부터 스스로를 보호하는 것을 목표로 한다. 문화적 정체성과 전통 유지, 정치 참여, 공정한 자원 분배, 차별 없는 사회 구현 또한 이들의 목표다.

3장은 한국 전쟁 이후 호주 군인을 따라 나섰던 최영길과 조영옥을 소개한다. 전쟁은 정치안보를 극단적으로 위협하고 많은 이를 강제로 움직인다. 전쟁 당시의 국내외 이동이 피난이 아닌 자발적 이주라 할지라도, 이는 극단적인 안보 상황의 변화로 인한 반강제적 이주로 봐야 한다. 여기서는 한국 전쟁과 그 뒤를 이은 정치안보에 대한 불안과 위협이 한인 청년의 삶을 어떻게 좌우했는지 살펴본다.

이어지는 4장에서는 베트남 전쟁 참전 이후 호주로 향한 션과 파라과이에서 호주로 2차 이주한 제시의 이야기를 담았다. 션은 1970년대 후반에 베트남에서 호주로 향했는데, 백호주의(1901~1973년까지 영국인이 아닌, 특히 유색 인종을 공식적으로 받지 않았던 호주의 인종차별적 이민 정책)가 끝나고 불법 체류자에 대한 사면령이 내려지면서 영주권을 획득했다. 이 소문이 전 세계로 퍼졌고 남미 사람들까지 호주로 몰려왔는데, 제시가 그중 한 명이다. 제시는 자녀 교육을 위해 10여 년간 한국과 호주를 오가는 왕복 이민 생활을 한 후 영주권을 취득한다.

5장은 필리핀에서 조기 유학을 거쳐 호주로 유학을 왔다가 영주권을 받은 혜린과 뉴질랜드에서 호주로 유학을 왔다가 한국으로 귀국한 로제를 소개한다. 2000년대 이후에 한인 청년의 호주 이민 형태와 원인은 매우 다양해졌기에 이전처럼 부류를 나눌 수가 없게 됐다. 혜린과 로제가 각각 호주와 한국을 거주지로 선택한 데에는 복합적인 환경 요인, 즉 주거, 직장 문화, 여가 생활 등 모든 부분에 대해 상대적인 환경안보가 작용했다. 환경안보는 기후, 온도, 습도, 미세먼지, 소음, 인구 밀도 등 객관적인 요소뿐만 아니라 직장 문화 같은 주관적이고 개인적인 요소를 포함한다.

6장은 인간안보 중에서 가장 중요하다고 할 수 있는 경제안보와 청년 이주 관계를 설명하기 위해 호주의 한인 워홀을 소개한다. 고등학교 1학년 때 부친을 따라 호주에 온 후 10년이 넘도록 영주권 취득에 거듭 실패하고 있는 민지와 한국에서 대학 졸업 후 워홀을 왔다가 6년 만에 영주권을 취득한 남준의 이야기를 살펴본다. 이 외에도 내가 2019년부터 현장 답사와 인터뷰를 통해 취재한 여러 워홀 이야기를 종합해 대한민국 청년 노동자의 경제안보와 호주 이민의 관계를 설명한다. 워홀러들이 겪는 임금 착취, 인종차별을 대하는 태도, 한인 사회 및 선 이민자와의 관계, 소통의 어려움을 극복하는 법 등 생존을 위한 팁도 제공한다.

급변하는 한반도와 서서히 변하는 호주는 아직까지도 한인 청년에게 무한한 기회를 제공하고 있다. 청년은 의식적으로 혹은 무의식적으로 인간안보라는 종합계산법과 이민을 활용해 본인의 삶을 개척하고 진화시킨다. 반대로 한인 청년뿐만 아니라 건강하고 유능한 다양한 인종과 국적의 청년을 받아들인 호주 또한 서서히 변화하고 있다. 청년 이민자와 그들이 속한 사회는 상호보완적이다.

차례

2부

1부

1876~1950년까지의 이민 흐름

1장

호주 최초 이민자,
존 코리아

기록상 알려진 호주 최초의 한인 이민자는 존 코리아다. 그는 한반도에서 강화도 조약이 체결되던 1876년, 17세의 나이에 중국에서 출발하는 로키엘Lochiel이라는 이름의 배를 타고 남호주 애들레이드에 도착한다. 이 배는 상해와 호주를 오가며 차tea를 나르던 무역선이었다. 승객 명단이 존재하지 않아 그의 본명은 알 수 없지만, 당시 골드러시로 금광 채굴을 위해 호주로 향했던 수많은 중국인 사이에 이 조선 청년이 있었다.

최초의 재호한인을 발견하다

나는 1999년부터 북한 이탈 주민, 태국의 버마 난민, 한국의 동남아 결혼 이민자 등 아시아 이민을 연구했다. 그러다 2016년에 호주로 이민 온 후로는 주로 호주 이민 정책에 관해 집중적으로 연구하게 됐다. 현재는 호주연구재단Australian Research Council의 지원을 받아 호주국립대학교에서 지난 백여 년간의 '재호한인 이민사'를 체계적으로 정리하는 일의 총책임을 맡고 있다. 연구팀이 1830년부터 1945년 제2차 세계대전이 끝나기까지 호주국립문서보관소에 저장된 호주 입국 선박 승객자 명단, 입국 문서, 귀화 및 시민권 증명서, 혼인 증명서, 광산권자 명단, 사망신고서, 신문기사 등을 검색한 결과, 19세기 말에 한국에서 가장 처음으로 호주에 입국한 것으로 보이는 존 코리아를 찾아냈다.

나와 연구팀은 존 코리아의 발견이 한인 재외동포 역사뿐만 아니라, 동아시아인 노동 이민 연구에 있어 호주 역사학계에 획기적인 기여를 할 수 있을 것이라고 확신했다. 우리는 연구 시작부터 존 코리아가 조선인임을 밝히는 데 주력했다. 코리아는 꼬레아라는 스페인, 포르투갈, 이탈리아에서 Corea, Correa 혹은 Correia와 같은 다른 철자로 쓰이는 이름의 성姓[1]이기도 하고, 남부 이탈리아 칼라브리아Calabria에는 Corea 혹은 Coreca라는 지역[2]이 있기 때문이다. 하지만 존 코리아가 호주에 도착했을쯤에 중국과 일본 등지에서 온 다른 아시아 노동자들이 많았기 때문에, 그가 조선인일 가능성이 높다고 여겼다.

2022년, 존의 흔적을 찾기 위해 3주간 호주 아웃백Outback을 4,000킬로미터가량 달리며 자료를 수집했다. 빅토리아주Victoria 멜버른Melbourne에서 존 코리아가 정박한 것으로 보이는 뉴사우스웨일스주New South Wales 시드니Sydney항으로, 시드니에서 존이 양털깎이로 일했던 골골Gol Gol로, 머리Murray 강을 건너 그가 묻힌 빅토리아주 밀두라Mildura로 향했다. 그리고 그와 동시대 인물인 중국인 존 에게가 살았던 웬트워스Wentworth에서 존 코리아가 처음으로 광산권을 얻으려고 했던 광산 마을 브로큰힐Broken Hill과 또 하나의 광산 마을 벤디고Bendigo를 거쳐 다시 멜버른으로 돌아왔다. 여행 중에 소상공인, 노동 이민자, 19세기 중국과 일본의 이민 전문가, 역사 기록 보관 사서, 지역 역사학회 회원 등을 만나 많은 이야기도 들을 수 있었다.

150년 전 호주에 정착한 노동 이민자의 삶을 추적하는 일에는

1 Corea Family Name, *Ancestry*, https://www.ancestry.com/last-name-meaning/corea?-geo-lang=en-US.

2 Coreca, Calabria, Italy, *Google Map*, https://maps.app.goo.gl/JFSEJhMuaE8VAguA9.

뛰어난 상상력이 필요했다. 현장 조사와 고문서 검색만으로는 부족했다. 내가 그라면 무엇을 했을까, 어떻게 느꼈을까, 살기 위해 어떤 수단을 썼을까 등의 질문을 던지며 존 코리아의 사정을 짐작해보려 애썼다.

호주는 연방 정부가 수립된 1901년 이후로 다른 나라의 전쟁에 여러 차례 참전한 바는 있었지만, 호주 본토에서는 전쟁이 거의 없었다. 제2차 세계대전이 한창이던 1942년 2월 19일 노던테리토리Northern Territory의 다윈Darwin이 일본의 폭격을 받은 것을 제외하고는 외국 군대로부터 공격을 받은 적이 없었다. 이 덕분에 고문서들이 잘 보존되어 있는 편이다. 영어가 모국어가 아닌 정치학자로서 고문서를 분석하는 일은 쉽지 않았다. 하지만 뉴사우스웨일즈주 웬트워스 지역의 역사학회 회원들의 도움을 받아 손으로 쓰인 기록과 사료를 해석할 수 있었다.

역사학회 회원들은 은퇴한 고령의 주민들 중에서도 지역 역사에 관심 있는 자원봉사자들이다. 이들은 일주일에 한두 번 도서관에서 만나 역사 자료를 정리하는 작업을 한다. 나는 지역 도서관을 돌며 현장 조사와 자료 수집을 하던 중 이들을 만났고, 손으로 쓰인 내용에 대한 해석과 추가 자료 검색에 많은 도움을 받았다. 이들이 없었다면

No. 205

NEW SOUTH WALES.

CERTIFICATE OF NATURALIZATION

UNDER THE PROVISIONS OF THE NATURALIZATION ACT OF NEW SOUTH WALES,
39 VICTORIA NO. 19.

Whereas, in accordance with the provisions of an Act of the Governor and Legislature of New South Wales, passed in the thirty-ninth year of the Reign of Her Majesty Queen Victoria, intituled **"An Act to amend the law relating to Aliens,"** application to be naturalized has been made by

John Corea

a native of Corea aged 35 years, who is a Shearer and arrived in the Colony of New South Wales by the Ship "Lochiel" in the year 1876 and who has resided in the said Colony for 17 years, and intends to continue to reside therein: AND WHEREAS the said

John Corea

has duly taken the Oath of Allegiance prescribed by the said Act: Now, therefore, I, the Governor of New South Wales, do, with the advice of the Executive Council thereof, hereby GRANT unto the said John Corea

all the rights and capacities within the said Colony of New South Wales of a natural born British subject.

GIVEN under my Hand and Seal, at Government House, Sydney, in New South Wales aforesaid, this Twenty eighth day of May One thousand eight hundred and ninety four

By His Excellency's Command, (sd) R. W. Duff (L.S.)

(sd) George R. Dibbs

ENTERED on Record, this Thirtieth *day of* May *one thousand eight hundred and ninety* four

For the Colonial Secretary and Registrar of Records,

Critchett Walker

Principal Under Secretary.

1894년에 취득한 존 코리아의 시민권[3]

존 코리아의 자세한 행적을 알아내지 못했을 것이다.

호주 입국과
시민권 획득

1876년, 17세의 조선 청년이 어떻게 중국 상해에서 호주행 선박을 타게 됐는지는 알 수 없다. 존 코리아는 호주에 도착한 후 18년 만인 1894년에 시민권을 취득했다. 당시 호주는 영국 식민지였기 때문에 영국 시민이 됐다고 하는 게 더 정확하다. 귀화하면서 지은 이름이 존 코리아이며, 귀화신청서 같은 서류는 호주 정부 공식 문서에 남아 있지 않아 본명은 알 길이 없다.

1894년에 발급된 귀화증명서에 의하면 그는 1859년생이며(사망신고서에는 1857년생으로 기록), 시드니에서 천 킬로미터가량 떨어진 뉴사우스웨일스주 서부의 작은 시골 마을인 골골에서 양털깎이로 일했던 것을 알 수 있다. 귀화한 해 그의 나이는 35세였고 '조선 출신native of Corea'이라고 명시되어 있다. 1894년 당시 조선의 영문명은 'Corea, Coree, Cauli' 등 나양하세 표기됐고 일제강점기를 거치면서 'Korea'

3 State Records Authority of New South Wales; Kingswood, New South Wales, Australia; Series: Registers of Certificates of Naturalization, 1849-1859 and 1876-1903; Series Number: NRS 1040; Roll: 136. New South Wales State Archives (1894) Corea John. Naturalisation Index 1834-1903. (Item no: 4/1211, Page no: 205, Reel: 136) (자료 제공: 송지영)

로 굳어졌다. 귀화증명서에 명시된 'Corea'가 조선을 의미하는지 아니면 이탈리아의 지명인지 확신할 수 없었지만, 조선임을 가정하고 추적을 이어갔다.

그는 호주 입국 후 3년 만인 1879년에 브로큰힐 인근에 있는 마을인 실버턴Silverton에서 동료 세 명과 함께 광산권을 신청했는데 10년 후인 1889년에서야 채굴 허가를 받았다. 존 코리아는 그때까지 양털깎이, 선원 등으로 일하며 생계를 유지했던 것으로 보인다. 그는 중국인들과 함께 푸저우에서 출발해 호주에 도착했음에도 불구하고, 당시 중국인들이 주로 향했던 벤디고로 가지 않았다. 아마도 중국인들과 불화가 있었거나, 호주에 3년간 거주하면서 획득한 새로운 정보에 따라 브로큰힐로 향했을 가능성이 크다. 하지만 당시의 브로큰힐은 이미 수많은 유럽인이 점령하고 있었으며 광산노동조합까지 설립한 상태였다.[4] 그런 노조에 유색 인종은 환영받지 못했을 것이고,[5] 이 때문에 존은 브로큰힐에서 서쪽으로 얼마 가지 않은 곳에 위치한 실버턴에서 광산권을 신청한 것으로 추측된다.

4 Ellem, B., & Shields, J. (2002). Making the "Gibraltar of Unionism": Union Organising and Peak Union Agency in Broken Hill, 1886-1930. *Labour History (Canberra)*, *83*(83), 65-88. https://doi.org/10.2307/27516883; Kennedy, B. (1978). *Silver, sin and sixpenny ale: a social history of Broken Hill, 1883-1921*. Melbourne University Press.

5 Burgmann, V. (1980). *Revolutionaries and racists: Australian socialism and the problem of racism, 1887-1917*. Thesis (Ph.D.)--Australian National University, 1980.

19세기 후반, 즉 조선 후기이자 호주가 아직 영국의 식민 지배를 받고 있을 때, 먹거리와 일거리를 찾기 위한 국가 간 노동 인구의 이동이 활발했다. 하지만 이를 관리했던 국가 기관은 출입국 국경 관리라는 공적인 영역에서 이뤄지는 일련의 사회적 과정과 이웃 및 직장 등 사적인 공간에서 발생한 충돌로 인해 혼란을 겪게 된다. 한반도 주변에서 노동력이 필요했던 만주 벌판과 하와이 및 남미의 사탕수수 농장으로 수많은 조선인의 이동이 있었던 반면, 호주에서는 이미 영국의 신흥 식민지 건설 노동력으로 죄수들이 대거 동원됐고, 그 이후에는 골드러시로 유럽과 아시아 등지에서 노동자들이 몰려드는 상황이었다.[6] 광산권이 있어야만 채굴로 생계를 이어갈 수 있었기 때문에 이들에게 광산권 획득은 생존과 직결된 문제였다. 금광 채굴을 목표로 고국을 떠난 이들은 이미 많은 투자를 한 셈이었다. 수차례의 시도에도 광산권 획득은 쉽지 않았는데, 그만큼 경쟁이 치열했음을 의미한다. 이에 더해 동양인들은 인종차별까지 감수해야 했기 때문에 몇 배는 더 힘들었을 것으로 여겨진다.

19세기 말, 호주에는 존 코리아 같은 동양계 노동 이민자가 많았

6 Johnson, Louise, et al. *The Story of Australia: A New History of People and Place*, Taylor & Francis Group, 2021. *ProQuest Ebook Central*, https://ebookcentral.proquest.com/lib/anu/detail.action?docID=6708086.

다.[7] 양털깎이, 광부, 진주 채취 잠수부, 외륜선 선원 등 동양계 이민자들이 호주 지역 경제와 사회 발전에 지대한 영향을 미친 사실은 이미 여러 학자를 통해 잘 알려져 있다. 하지만 이들은 대부분 중국, 일본, 인도 출신 이민자로, 한인 노동 이민자에 대한 역사적 기록은 현재까지 나의 연구를 제외하고는 거의 알려진 바가 없다. 있었다고 하더라도 일제강점기로 인해 이들의 국적은 일본으로 기록되어 있고, 1930년대 중후반부터 일부가 일본식 이름으로 개명하는 바람에 다수의 한인이 일본인으로 기록된 것으로 추정된다. 동양계 노동 이민자 중 일부는 유럽 여성과 결혼해 호주 사회에 성공적으로 정착하기도 했다. 그러나 1901년 호주 연방 정부 설립과 함께 공식적인 이민 정책으로 선포한 백호주의로 인해 동양인 이민자들은 일상적인 차별에 부딪혔고 생존을 위한 여러 시도를 해야 했다.

7 Cronin, K. 1982. Colonial Casualties: Chinese in early Victoria. Melbourne: Melbourne University Press: Darnell, M. 2001. Master and servant, squatter and shepherd: The regulation of indentured Chinese labourers, New South Wales, 1847-1853.; in H. Chan (ed.), The Overseas Chinese in Australasia: History, settlement and interactions, pp.54-68. Taipei and and Canberra: Taiwan University and Australian National University.

8 AU WA A16 – Department of Mines, Native of Corea [Korea] naturalized in N S W whether miner's right can be issued. AU WA S20- cons964 1895/0341(자료 제공: 송지영).

No. Electric Telegraph, Western Australia.

Time 7.41

By

The following Telegram received here from COOLGARDIE Station, subject to the Regulations and Conditions under which Telegraph Messages are authorised to be transmitted in Western Australia.

30 JAN. 95

To Under Secty Mines

John Corea native of Corea applies for Miners right produces certificate naturalisation new South wales shall I issue right

Reply.
No – naturalisation
N.S Wales does not apply here

Chas Fielding
Asst M R

쿨가디 광산권 불허 통지문[8]

To Under Deputy Miner

John Corea, native of Corea, applies for miners right produced

certificate naturalization new south wales shall I issue right

Reply:

No naturalization

NS Wales does not apply here

Chas Fielding

Asst Mr R

생계를 위한 끈질긴 도전

존은 실버턴에서 10년을 기다려서 광산권 허가를 받았다. 하지만 사업이 쉽지 않자 그는 귀화를 결심하고 1894년 뉴사우스웨일즈주 골골에서 시민권을 획득한다. 그리고 1895년에 서호주 쿨가디로 이주해 광산권을 신청했다. 하지만 이번엔 아예 허가를 받지 못했다. 당시 광산권 허가 담당자였던 퍼시 필딩Percy Fielding이 남겨놓은 기록에 의하면, 존 코리아는 "뉴사우스웨일스주에서 귀화한 사람으로 여기(서호주)에서는 (귀화가) 적용되지 않는다(따라서 광산권을 허락할 수 없다)"는 터무니없는 이유로 거절당했다. 국적이나 인종차별이 아닌 호주 내 지역차별이었다.

하지만 존은 포기하지 않았다. 그는 뉴사우스웨일스주로 돌아와서 브로큰힐 북부에 있는 화이트클리프White Cliffs에서 다시 도전장을 던졌다. 1903년, 호주에 도착한 지 27년, 귀화한 지 9년 만에 그는 광산권을 취득했다. 이때 그의 나이는 44세였다. 세 번의 시도 끝에 이뤄낸 성공이었지만, 1903년경 호주의 골드러시는 이미 저물어가고 있었다.[9] 백호주의의 시행과 함께 골드러시도 끝나갈 무렵이어서 더

9 Fetherling, D. (1997). The gold crusades: a social history of gold rushes, 1849-1929. In *The gold crusades* (Revised edition.). University of Toronto Press. https://doi.org/10.3138/9781442659988.

10 'The History of a Lost Cheque' (12 June 1902). Barrier Miner (Broken Hill, NSW: 1888-1954), p.3(자료 제공: 송지영).

THE HISTORY OF A LOST CHEQUE.

On October 19 a miner received a cheque for £150 in payment for opal. The same night the cheque was lost. A substantial reward was offered for it, but nothing was heard of it. Payment was stopped, and the owner, Mr. John Corea, left the field for Adelaide, but returned again a short time ago, still in ignorance of what had become of the cheque. Last Saturday Corea was among the spectators of the football match on the recreation ground, and during the game one of the players handed him the long-lost cheque, having just picked it up within the enclosure. The writing was still distinct. The curious part, however, is that the part which presumably was folded outside when first exposed, and which is of a yellow shade, was, when picked up on the football ground, found to be folded inside the paper, while the outside was white and unsoiled. The presumption is that the cheque was found some time after being first lost, refolded, and then thrown away as valueless, and wafted in the winds till arrested by the wire-netting round the recreation ground, and finally found its way into the enclosure.—*Western Life.*

1902년 6월 12일, 베리어 마이너에 실린
존 코리아에 관한 신문 기사[10]

이상 동양인 이민자를 찾아보기 힘들었을 것이다.[11]

그가 상해에서 호주로 온 것을 보면 아마 중국 거주 중에 혹은 조선에서 골드러시에 대한 소문을 들었을 것이다. 1850~1860년대는 골드러시가 한창일 때였고, 존 코리아가 입국하던 1876년은 골드러시가 저물던 시기였다. 이미 전 세계에서 온 노동 이민자들이 유명한 광산을 다 차지했으며, 유럽 출신들은 브로큰힐에 노동조합까지 만들어 자본가들에 대항해 세력을 키워가는 중이었다. 존 코리아가 실버튼, 쿨가디, 화이트클리프에서 광산권을 따기 위해 시도하면서 아마도 먼저 온 노동 이민자들로부터 상당한 텃세를 당했을 것이다. 그는 어느 그룹에라도 소속돼서 광산권을 획득하는 게 목표였는데, 35세에 시민권을 받고 나서 쿨가디로 간 이유는 누군가의 조언을 듣고 새로운 시도를 한 게 아닐까 싶다.

1902년, 한 지역 신문에 그에 대한 기사가 실렸다. 제목은 '미스

11 Fitzgerald, J. (2007). *Big White Lie:Chinese Australians in White Australia* (1st ed.). NewSouth Publishing; Kamp, A. (2022). *Intersectional Lives:Chinese Australian Women in White Australia* (1st ed., Vol. 1). Routledge. https://doi.org/10.4324/9781003131335.

12 South Australia, Australia, Adelaide Hospital Admission Registers, 1841-1962(자료 제공: 송지영).

1920

RECORD OF PATIENTS,

ADELAIDE HOSPITAL.

South Australia, Australia, Adelaide Hospital Admission Registers, 1841-1952 for John Corea
1917 Jul-1920 Oct

존 코리아의 애들레이드병원 입원 기록[12]

터리 수표 분실 사건'이었다.[13] 친구들과 함께 축구 경기를 관람하던 존은 150파운드(2025년 기준 한화로 약 3,057만 원)에 달하는 수표를 잃어버렸다가 다시 찾은 일이 있었다. 반으로 접어놓았던 수표는 뒤집힌 채로 경기장 구석에서 발견됐다. 현재의 관점으로 보면 이런 사소한 일이 신문 기사로 날까 싶지만, 당시 오팔Opal 채굴비로 받은 150파운드는 신문에 날 만큼 큰 금액이었다. 그런 줄도 모르고 호주 남부에 위치한 애들레이드를 다녀온 존 코리아와 당시 절망적이던 상황을 상상하니, 미안하지만 절로 웃음이 나온다. 존은 애들레이드를 다녀온 후에 수표를 잃어버렸다는 것을 알고 현상금까지 걸었지만 아무 소식도 듣지 못했다. 수표는 누군가가 펼쳐보고 아무 가치가 없다고 생각해 다시 접어 내던졌는데, 다행스럽게도 경기장에 쳐놓은 그물에 걸렸고 다른 누군가가 발견해 신고했다. 이 기상천외한 사건의 주인공 존 코리아가 수표를 돌려받고 얼마나 기뻐했을까.

13 "The History of a Lost Cheque", *Barrier Miner*, 12 June 1902 (Broken Hill, NSW : 1888-1954), p.3. Retrieved May 25, 2022, from http://nla.gov.au/nla.news-art.

14 New South Wales State Archives. Deceased Estates Index 1880-1956 (Pre A 010007 [20/1008]) Index number 15(자료 제공: 송지영).

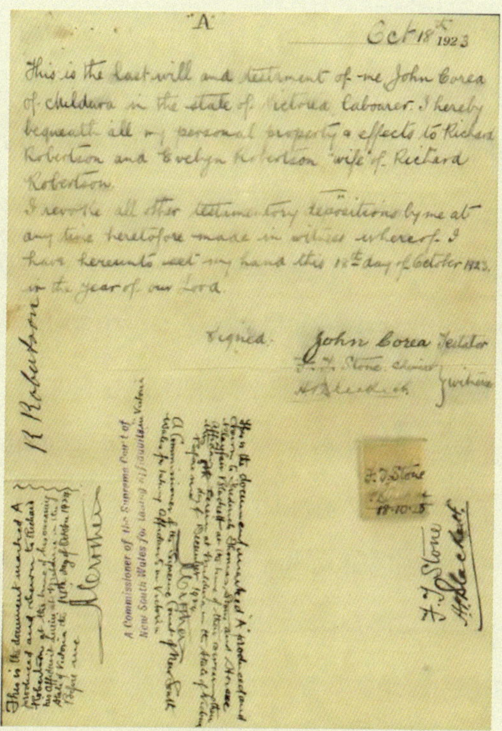

"A" Oct 18th 1923

This is the last will and testament of me John Corea of Mildura in the state of Victoria labourer. I hereby bequeath all my personal property & effects to Richard Robertson and Evelyn Robertson "wife" of Richard Robertson

I revoke all other testimentory depositions by me at any time heretofore made in witness whereof. I have hereunto set my hand this 18th day of October 1923 in the year of our Lord

Signed John Corea Testator

F. J. Stone

H. Blackstock } witness

R Robertson

A Commissioner of the Supreme Court of New South Wales for taking Affidavits in Victoria

존 코리아의 유서[14]

Oct 18th 1923

This is the last will and testament of me John Corea of Mildura

in the state of Victoria, labourer. I hereby bequeath all my personal property

and effects to Richard Robertson and Evelyn Robertson wife of Richard Robertson.

I revoke all other testimony depositions by me at any time herefore

made in witness whereof. I hereunto set my hand

this 18th day of October 1923 in the year of our lord'

Signed John Corea Testator.

미스터리한 유서

1903년에 광산권을 취득한 이후 존 코리아에 대한 기록은 쉽게 찾을 수 없었다. 그러다 그가 61세가 된 해인 1920년에 결핵으로 애들레이드병원에 입원한 기록을 찾았다. 아마 광부로 오래 일하면서 병을 얻었을 것이다. 그는 병원에서 치료를 받으며 입원 전후로 구세군이 운영하던 노동자 대상의 매우 저렴한 숙소에 머물렀다. 당시 병원 기록에는 존 코리아의 출생지가 '일본Japan'으로 기재되어 있다(사진의 오른쪽 상단). 조선은 1910년에 주권을 잃었고 제2차 세계대전이 끝날 때까지 일본의 식민 지배를 받았기 때문에 그의 출생지는 일본으로 되어 있었다. 이 사실을 통해서 존 코리아가 이탈리아인이 아닌 조선인임을 확신했다.

존 코리아는 4년간 결핵을 앓다가 1924년 65세의 나이로 세상을 떠났다. 장례식은 이웃 주민 혹은 동료로 추측되는 이블린Evelyn과 리처드 로버트슨Richard Robertson 부부가 치러줬다. 이블린은 1924년 8월 6일 지역 신문에 존 코리아의 장례식을 위한 광고를 냈다. 존 코리아가 남긴 재산은 니켈 시계와 전쟁 채권을 포함한 425파운드(2025년 기준 한화로 약 4,385만 원)가 전부였다.

그런데 그의 죽음과 관련된 미스터리가 하나 있다. 43쪽에 있는 사진은 존 코리아의 유서로 사망하기 약 8개월 전인 1923년 10월 18일에 쓰였다. 유서에 의하면 존 코리아는 "내가 가진 모든 재산을 리처드와 그의 부인 이블린 로버트슨에게 남기"며 "여기 적힌 증언 외에 다른 증언은 모두 취소한다"고 되어 있다.[15] 존은 유서 집행인을 지정해놓지 않아 그가 사망한 이후 리처드 로버트슨은 존이 남긴 재산을 갖기 위해 소송을 제기한다. 로버트슨은 증거로 존의 유서와 본인의 진술서 및 장례 비용 영수증을 법원에 제출했고 유산을 상속받았다.

당시 로버트슨은 선박 소유주였고 존 코리아의 사망 시 직업은 선박 노동자boat hand, labourer로 기재되어 있었다. 존이 결핵에 걸린 몸으로 로버트슨의 배에서 청소 등의 일을 거들면서 생활을 유지하지 않았을까 한다. 그리고 독신이었던 존이 사망하자 장례를 치러줄 사람이 없어 고용주인 그가 대신해준 것으로 보인다. 로버트슨 부부는 존이 사망하고 유산 상속 소송에서 승소한 이후 행적이 묘연해진다. 거주지를 어디로 옮겼는지, 어디서 사망했는지도 찾을 수가 없었다.

존 코리아는 현재 빅토리아주 밀두라 근처의 니콜스 포인트Nichols Point 묘지에 묻혀 있다. 묘지 관리인에게 문의하고 정부 기록을 검색해 그가 묻힌 자리를 찾아냈다. 가서 보니 묘비는 물론, 아무것도 없는 평지였다. 지난 백 년 동안 나 외에는 다른 방문객이 없었던 것 같다.

15 John Corea's last will: New South Wales State Archives. COREA John, [Deceased Estate]. Deceased Estates Index 1880-1956 (Pre A 010007 [20/1008]) Index number 15.

존 코리아의 묘에 단출하게 밥과 김치, 김을 올리고 인사를 건넸다. 소주는 찾을 수가 없어서 호주 맥주인 쿠퍼스 한 병을 부었다. 그리고 언젠가 그의 묘비를 만들어주리라 약속했다.

기록되지 않은 수많은 존 코리아

150여 년 전, 호주에 첫발을 디딘 존 코리아처럼 당시 한인 노동 이민자는 양반처럼 재력과 지식을 갖춘 상류층이 아닌, 중인 혹은 노비 출신으로 하류층에 속한 청년들이었다. 이들에게 해외 이주는 생존이 걸린 문제였다. 식량안보는 이 시기 청년 이주에 매우 원초적이면서도 주요한 요인으로 작용했다. 조선 후기에 수많은 한인 청년은 청나라로, 일본으로, 그리고 이보다 더 나아가 시베리아와 동남아시아까지 진출해 새로운 삶을 개척하고자 했다.[16] 이들 대부분은 하류층으로 상류층 지식인들만 남아 있는 역사에는 기록되지 않았지만, 그들의 존재는 존 코리아의 사례처럼 한반도 밖에 남아 있다. 그런 면에서 국가 간 합의를 통해 하와이나 남미의 사탕수수 농장으로 이동해 역사에 기록된 한인 노동 이민자 이외에도, 존 코리아와 같은 개별

16 행정안전부 국가기록원, 재외한인의 역사(https://theme.archives.go.kr/next/immigration/endoftheJoseonDynasty.do).

한인 청년의 노동 이민 사례는 발굴되지 않았을 뿐이지 수없이 많이 존재했으리라고 본다.

겨우 17세였던 존 코리아는 상해에서 호주로 향하는 배에 몸을 실으며 큰 꿈에 부풀어 있었을 것이다. 말도 전혀 통하지 않는 곳에서 입국 3년 만에 광산권을 신청한 것을 보면, 그의 치열했던 삶을 예상할 수 있다. 이 어린 조선 청년은 호주에서 단기 노동 이민자 신분으로 20대와 30대를 보내며 장래에 대한 불안에 시달리며 살았을 것이다. 그의 삶을 속속들이 알 수는 없지만 광산권을 취득하기까지 돈이 되는 일은 다 했을 것이다.

그가 광산권을 획득하기까지 28년이나 걸린 이유는 아시아 소수 인종이기 때문일 가능성이 가장 크다. 하지만 그의 귀화 문서에서 알 수 있듯이 그는 자신의 출신국을 영어 이름의 성으로(코리아) 사용할 정도로 한인 정체성이 강했다. 그렇지 않았다면 150년이라는 시간이 흐른 뒤인 지금 우리 연구팀은 그를 찾지 못했을 것이다.

이제 대한민국에서 태어나 호주에 사는 한인 인구는 102,092명(2021년 기준[17])으로 상당한 숫자다. 그러나 호주 전체 인구(2023년 기준 26,648,880명)에 비하면 전혀 많은 것은 아니다. 2023년 기준, 호주의 10대 이민자 순위는 영국, 인도, 중국, 뉴질랜드, 필리핀, 베트남, 남아

프리카공화국, 말레이시아, 네팔, 이탈리아 순이다.[18] 아시아계 호주인은 당연히 인도인과 홍콩을 포함한 중국인 출신이 압도적이며, 국적이 다르더라도 중국계 타이완, 싱가포르, 말레이시아, 인도네시아까지 합치면 중국계 호주인의 아시아 대표성과 영향력은 대단하다.

골드러시부터 시작돼 여러 세대에 걸쳐 축적된 자본과 인맥은 새로운 청년 이민자들에게도 유리한 자원이 됐다. 그에 비해 한인은 시드니 코리아타운을 제외하고는 대부분 각 도시와 지역에 뿔뿔이 흩어져 지역 사회에 흡수돼 지내고 있다. 간혹 지방 도시나 인구가 적은 시골에 살고 있는 한인 청년을 만나면 존 코리아의 모습이 떠오른다.

17 People in Australia who were born in Korea, Republic of (South), 2021 Census Country of birth QuickStats at https://www.abs.gov.au/census/find-census-data/quickstats/2021/6203_AUS.

18 Australia's population by country of birth at https://www.abs.gov.au/statistics/people/population/australias-population-country-birth/latest-release#:~:text=As%20at%2030%20June%202023,8.2%20million%20people%20born%20overseas.

2장

호주 최초 유학생,
김호열

김호열은 기록상 호주에 유학 온 최초의 한인 유학생으로, 1921년 호주 땅을 밟았고 빅토리아주 멜버른대학교에서 공부했다. 그는 1905년 일본의 강제 한일 합방 이후, 한반도를 떠나 국경을 초월한 인생을 살았던 청년 중 한 명이다. 계급과 종교를 통한 인적관계와 초국적 이동과 해외 경험이 그의 삶에 어떤 영향을 줬는지, 왜 국가가 수많은 한인 청년을 해외로 도피하게 만들었는지 살펴보자.

호주로 향한 한인 유학생

나는 1세대 한인 이민자를 인터뷰하던 중 일제강점기 때 호주에서 공부한 한인 청년에 대해 알게 됐다. 우리는 2020년부터 호주 국립문서보관소National Archives of Australia의 출입국 관리 및 재외국민 등록 문서, 호주 빅토리아 장로교Presbyterian Church of Victoria 발간물, 멜버른 장로교의 남학교인 스카치컬리지Scotch College, 멜버른대학교 학적부 등을 샅샅이 뒤져 1921년 일본 고베를 떠나 1922년에서 1924년까지 멜버른대학교에서 수학했던 최초의 한인 유학생 김호열의 자취를 찾아냈다. 2008년, 양명득 박사에 의해 김호열의 존재는 이미 알려져 있었지만,[1] 구체적인 행적을 알아낸 것은 우리 팀의 연구가 최초다.

그때 당시 나는 그가 백 년 전 다녔던 멜버른대학교에서 한국학 교수로 재직하고 있었다. 그가 걸었을 법한 길과 그가 앉았을 만한 책상과 의자에서 그에 관한 연구를 하고 있다는 학문적 희열은 말로 다 표현할 수가 없었다. 멜버른대학교 학적부와 당시 그를 도왔던 빅토

1 《호주한인50년사》, 양명득, 22쪽, 진흥출판사(2008).

리아 장로교의 고문서를 뒤지며 김호열의 행적을 좇았다. 그가 살았던 집, 교회, 학교를 직접 방문해서 1920년대 한인 유학생으로서 그가 느꼈을 법한 감정을 상상해봤다.

왜 김호열이었을까?

1901년에 태어난 김호열은 마산 지역에서 활동하던 호주 빅토리아 장로교 선교사들의 도움으로 유학길에 올랐다. 기존의 한인 이민사 연구에서 기독교의 영향과 경상남도를 기반으로 한 호주 선교사의 역할을 찾아볼 수 있었다.[2] 양명득 박사에 의하면 빅토리아 장로교는 19세기 말부터 경남 지역에 지속적으로 선교사를 보내 기독 활동과 교육, 보건 활동을 지원해왔다. 김호열은 경상남도 마산 창신남자중학교 선생님이자 장로교 신자로 호주 선교사들과 깊은 관계를 맺고 있었다. 마산 창신남자중학교는 지금까지도 높은 명망을 유지하고 있는 사립학교로 2023년에는 호주 선교사들의 공덕을 기리기 위해 기념비를 세우고 박물관을 개관했다.

김호열은 창신남자중학교에서 존경받는 인물이었고 학생들과

2 《호주장로교 한국선교역사(1889-1941)》, 에디스 커·조지 앤더슨, 양명득 역, 동연(2017), 《호주 선교사 열전: 진주와 통영》, 이상규·양명득, 동연(2019).

선교사들 사이에서도 인기가 많았다고 기록되어 있다. 그는 이런 자질과 성품을 인정받아 호주 장로교 선교사들에게 유학생으로 선택됐을 것이다. 페이튼 목사는 김호열을 추천하면서 "열정이 넘치는 젊은 교사로 학생들의 존경을 받는다"며 칭찬했고, 라이얼 목사 역시 김호열의 지도자로서의 잠재력을 보았다.[3]

1921년 9월 6일, 김호열은 일본 여권을 가지고[4] 세인트 알반S.S.St Albans이란 이름의 선박에 올라 호주로 향한다.[5] 당시 헤럴드지는 "한인 교사 김호열이 장로교의 초청으로 멜버른대학교에 수학하기 위해 오다. 8월에 도착 예정"이라는 기사를 냈다.[6] 김호열은 그로부터 약 2주 후인 1921년 9월 19일에 멜버른에 도착했고 스카치컬리지 근처인 코담길 99번지에 거주했다.[7]

김호열의 유학 과정에서는 백호주의를 뛰어넘는 호주 장로교의 영향력을 엿볼 수 있다. 1961년, 국가 간 공식적인 한호관계가 성립

3 *The Presbyterian Messenger*, "The Late Mr. Hoyul Kim: By One who Loved Him", 13 November 1925, p.610.

4 Form of Application for Registration, Ho Yol Kim, 6 September 1921. NAA: MT269/1, VIC/JAPAN/KIM HO YOL.

5 F. H. L. Paton, Letter to the Collector of Customs for Victoria, 24 September 1921. Enclosed the photos of Hoyul Kim. National Archives of Australia.

6 *The Herald*, The Churches (14 May 1921), p.10. http://nla.gov.au/nla.news-article242488841 Last accessed 23 November 2023.

7 Notice of Change of Abode, Ho Yol Kim, 6 September 1921. NAA: MT269/1, VIC/JAPAN/KIM HO YOL.

김호열, 1921년[8]

되기 전까지 교회는 이민과 교육으로 양국의 가교 역할을 해왔다. 호주 빅토리아 장로교는 현재의 개념으로 김호열의 학생 비자 발급을 위한 후원자를 자처했다. 장로교는 1년마다 갱신해야 하는 예외 자격Certificate of Exemption이라는 것을 그를 위해 3여 년 동안 여러 차례 신청했다.

장로교 임원들 중 프랭크 페이튼Reverend Frank H. L. Paton, **한국명 배돈** 목사와 존스톤Reverend M. Johnston 목사 등이 직접 빅토리아주 정부에 서한을 보냈다.[9] 특히 페이튼 목사는 1907년부터 1925년까지 빅토리아 장로교 해외 선교부 비서로 활동하면서, 김호열이 호주에서 유학하는 내내 그를 지원했다. 그는 김호열의 보호자, 법적 후원자, 그리고 과외 선생님 역할까지 했다. 페이튼 목사는 빅토리아주 내에 영향력 있는 인사이자, 1892년에 멜버른대학교 올몬드컬리지Ormond College를 졸업한 학생이기도 했다.[10] 그의 아들 조지 화이트크로스 페이튼George Whitecross Paton은 1951년부터 1968년까지 멜버른대학교 부총장을 지냈다.

빅토리아 장로교 선교사들은 일제강점기 때 한반도에서 아동 교

8 National Archives of Australia.

9 F. H. L. Paton, Letter to the Collector of Customs for Victoria, 24 September 1921. Enclosed the photos of Hoyul Kim. National Archives of Australia.

10 Australia Dictionary of Biography, Francis Hume Lyall (Frank) Paton at https://adb.anu.edu.au/biography/paton-francis-hume-lyall-frank-7976 last access 8 December 2023.

육과 의료를 집중적으로 지원했는데 김호열이 근무하던 창신남자중학교도 그중 하나였다. 창신남자중학교는 한때 호주 선교사 중 한 명인 라이얼의 이름을 따 라이얼기념학교D. M. Lyall Memorial School로 불리기도 했다.

김호열은 빅토리아 장로교 신자로 교회 활동에도 매우 적극적이었는데, 일본 제국주의자들은 이런 종교적 신념을 극도로 꺼려 했다. 선교사들이 서구 반일본 제국주의 세력과 연관되어 있다고 여겼기 때문이다. 실제로 일부 호주 선교사들은 학생 보호 차원에서 한국의 독립운동을 직간접적으로 지원했다. 이런 정치적 환경에서 김호열이 독립운동에 어느 정도 관여했는지 또는 독립에 대한 신념이 있었는지는 알려진 바가 없다. 그러나 호주 입국 서류에 본인의 국적과 인종을 조선이라고 적은 것을 보면, 그의 정체성과 애국심을 조금이나마 엿볼 수 있다.

호주를 혼란스럽게 만든 초국사적 존재

백호주의를 실시하던 호주는 백인이 아닌 조선인의 입국에 매우 혼란스러웠을 것이다. 약 165센티미터의 키에 갈색 눈동자, 어두운

11 National Archives of Australia(자료 제공: 송지영).

33560

FORM OF APPLICATION FOR REGISTRATION.

Name: Ho Yol Kim

Nationality: Corean | Sex: Male

Birthplace: Corea | Date of birth: 1901

Name of vessel: "ST.ALBANS" | Port at which alien embarked: Kobe

Place of abode (abroad): Corea

(In case of passengers) Place of business (if any): ------

(In case of passengers) State if temporary or permanent residence in Australia proposed; if temporary add purpose of visit: Studying English at the Melbourne University

Temporary

(In case of passengers) Intended place of abode (if any) in Commonwealth (address to be stated as fully as possible)

Studying, Melbourne University

Occupation: Student

Particulars of passport: Japanese Passport 190081 | Place of issue: Corea | endorsed B/Consul

If previously registered and in possession of certificate: No. of certificate | Date | Place of issue

Personal Description.

Height: 5 ft. 5 in. | Colour of eyes: Brown

Colour of hair: Dark | Build: Medium

Notable marks

Remarks:

Signature of Alien: H. Kim

(This space for Office Use Only.)

Certificate issued No. 12560 | Date 6 SEP 1921

Remarks: No Evidence of Nationality produced. No Suspicion of Disloyalty

Signature of Aliens Registration Officer: Robert Brown

Police Station: Thursday Island

Form E.

The War Precautions (Aliens Registration) Regulations 1916.

NOTICE OF CHANGE OF ABODE.

To
THE ALIENS REGISTRATION OFFICER,

TAKE NOTICE that I Ho Yol Kim (Name in full)

*formerly residing at (former place of abode) Melbourne 19 - 9 - 21

(occupation) School Master †intend to change

my place of abode to 99 Cotham Rd. Kew

I am registered as an alien of Korea nationality under the *War Precautions (Aliens Registration) Regulations* 1916, the number of the certificate issued to me at Thursday Island being 12560

Date 6 9 1921 *Signature of Alien* H. Kim

(For Office Use only.)

Signature of A.R.O. at old place of abode

Date notice sent to A.R.O. at new place of abode

Signature of A.R.O. at new place of abode

Name of place Kew Date alien reported 24 9 21

*In case of person who has had no previous place of abode in Commonwealth, write here—"Having landed from the s.s. at on ."

†In case of person who has had no previous place of abode in Commonwealth, in place of "intend to change my place of abode to" write—"have taken up my abode at."

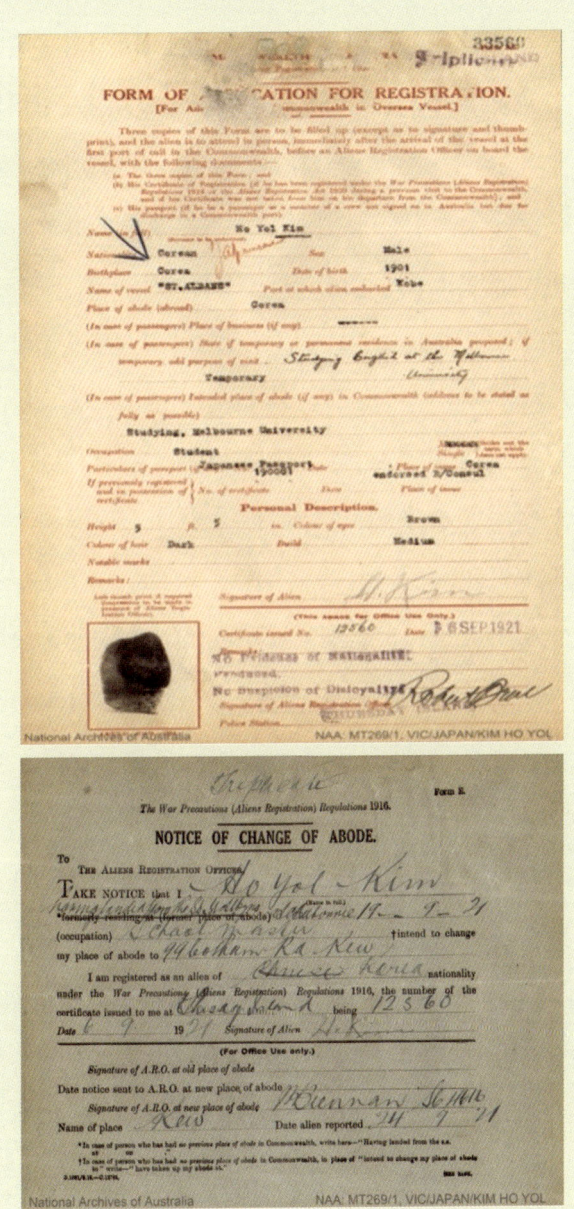

김호열의 외국인등록신청서(위)와 입국신고서(아래)[11]

머리색, 중간 체격으로 말끔한 정장 차림을 한 김호열의 존재는 아마 이동 중인 배 안에서부터 이목을 끌었으리라. 모두 저 사람이 도대체 누구기에 백인의 안내를 받아 호주행 배를 탄 건지 호기심에 가득 차 쳐다봤을 것이 눈에 선하다. 입국 심사 때는 호주에서 무엇을 할지, 얼마나 머물 건지, 거주 비용은 누가 지불하는지 등의 질문을 받았을 것이다. 61쪽의 입국신고서를 보면 김호열의 국적에 일본이 추가되고 또 다른 문서에는 중국이라고 기록됐던 것을 한국Korea이라고 수정하는 등 호주 이민 당국이 김호열의 국적과 인종에 대해 상당히 혼란스러워했던 모습을 볼 수 있다.

1921년, 한반도는 1919년부터 시작해 전국적으로 확대된 3·1 독립운동을 2년째 이어가고 있었다. 지식인이자 교사 생활을 한 김호열이 당시 본인의 국적이 일본이라는 것을 몰랐을 리가 없다. 그러나 그는 입국신고서 국적과 인종 란에 당당히 'Corea'와 'Corean'이라고 표기했다.

일제강점기는 한인 청년을 보호해줄 민족국가 및 집단안보의 부재라는 가장 큰 배출 요인이 작용한 시기였다. 한인 청년 개인은 본인의 인적 자원을 바탕으로 일본 제국주의 세력하에 자력갱생을 해야 하는 상황이었다. 인적, 경제적 자원이 충분하지 않은 청년들은 국내외에서 신분 상승을 위한 기회를 찾아야 했는데, 일제하에서 한인으로서 살아남아 번영하기 위한 선택 중 하나가 국외로의 이주였다. 가까이는 일본과 중국을 비롯해, 미주, 유럽, 오세아니아 등지로 한반도보다 더 안전한 곳을 향해 이동했다. 조선 후기까지 유지되던 신분제의 영향으로 계급이 낮은 중하층 청년들은 일제의 노동력 동원을 위해 강제 이주됐지만, 중상층 청년은 적극적이고 자발적으로 해외 유학을 시도했다. 김호열도 그중 하나였다.

그렇다면 왜 하고 많은 나라 중에서 신생 영연방국이며 백호주의로 유색인종 유입을 공식적으로 막고 있던 호주를 선택했을까? 지극히도 인종차별적인 이민 정책이 실시되던 20세기 초중반에는 남유럽, 이탈리아, 그리스계 이민자 들까지도 차별의 대상이었으며, 특히 아시아, 중국계 이주민을 가장 경계했다. 19세기 중후반에는 많은 중국인이 광산 노동자로 유입됐는데, 이 중에는 앞에서 살펴본 존 코리아 같은 다른 아시아계 사람도 함께 건너왔다. 그 수가 점차 증가하면서 기존의 영국계 시민들 사이에서 반중국인 정서가 생겨났다. 한인은 유색 인종으로 백호주의의 영향에 의해 공적인 영역에서 제한을 받았을 뿐만 아니라, 사적인 영역에서도 중국계로 분류되거나 직간접적인 각종 인종차별의 대상이 됐을 것이다.

그럼에도 불구하고 한인 청년이 호주를 택했다면, 그 이유는 호주가 미국이나 유럽보다 아시아와 가까워 중국과 동남아를 통한 유입이 상대적으로 쉬웠고, 골드러시로 인해 루트가 이미 개척되어 있었기 때문이다. 또한 호주는 국토가 방대하고 자원이 풍부해서 개발 가능성이 높았던 데 비해 노동과 생산 인구가 적어 산업을 성장시킬 수 없었기 때문에 노동력 유입과 사회의 발전을 위해 아시아계 이민자를 마다하지 않았다. 연방 정부가 유색 인종의 거대 유입을 막기 위해 다분히 인종차별적인 백호주의를 실시했음에도 불구하고, 각 지역에서는 수요에 따라 아시아인의 이주와 이민을 예외적으로 허가하고 있었다.

역사 연구에는 '초국적 역사transnational history' 혹은 '초국사'라는 개념이 있다. 이는 국가가 임의로 지정한 국경을 넘나드는 생각, 사물, 인간 및 관습에 관한 연구로, 국경 간 이동과 이주가 주요 연구 대상이다. 개인의 국적은 출생지, 언어, 거주지, 시민권, 인종 및 국가에 대한 맹세 등과 같은 복잡한 요소에 의해 결정되는데, 이 복잡한 요소를 초월한 이주민의 초국가주의transnationalism는 국가 정체성 그 자체를 위협한다.

사실 개인의 이동은 국가가 자국민의 거주와 이동을 통제하기 훨씬 전인 수렵과 채집을 하던 원시시대부터 진행되어왔다. 하지만 국경 간 이주 과정에서 분류돼야 하는 인종이나 국적은 행정관료적 입장에서 혼란스럽고 '지저분한messiness' 상태로 여겨지기도 한다. 김호열의 경우만 봐도 알 수 있다. 일본의 조선 식민 지배와 백호주의를 펼치던 호주에서 한인 유학생이라는 신분은 당시 호주 이민 당국에 인종, 국적과 관련한 혼돈을 불러왔을 뿐만 아니라, 그를 가르쳤던 교육 기관조차도 그에 대한 공식 기록을 남기지 않을 정도로 정리나 분류가 되지 않는 '지저분한' 존재였다.

김호열에 관한 탐구는 국사가 아닌 초국사 연구다. 일제강점기하의 한반도와 백호주의 정책을 펼친 호주라는 국경을 초월하고, 1961년 호주와 대한민국의 공식적 외교 관계가 수립되기 40년 전에 유학을 간 최초의 한인 유학생이라는 점에서 초국사의 일환이다. 우리는 그를 통해 국경을 넘은 식민지 문화와 지식 전달, 사적 영역에서의 이민과 교육이 이뤄지는 과정을 심도 있게 살펴볼 수 있다. 제한된 이민 정책, 인종차별, 일본의 식민 지배하에서 일어난 개별 이민자의 생존 방법, 이 과정에서 적극적으로 중재자 역할을 한 교회의 영향은 한인 청년뿐만 아니라 보편적인 근대 이민사에서도 흔하게 발견되는 현상이다. 다시 말해, 제한된 자원과 환경에서 한인 청년 개개인이 더 나은 집단안보를 위해 해외 이주를 추구했으며, 이를 통해 한인 집단의 정체성 유지와 진화를 이뤘다고 볼 수 있다.

일제강점기 때 대부분의 한인 청년은 이주 시 일본 국적을 이용했다. 하지만 스스로가 조선인이라는 점을 거주국 정부와 사회에 각인시키며 꿋꿋하게 해외 이주 생활을 이어갔다. 친일과 반일의 사고를 떠나, 당시 대부분의 한인 청년은 혼란의 시기를 겪고 있었다. 일본의 정체성을 적극 받아들여 일본인으로 살아간 사람들도 있었지만, 김호열과 같은 상당수의 지식인은 의식적으로 조선인의 정체성을 유지하면서 자국 내 위기와 정치적 혼란을 견뎌냈다.

백호주의는 한인을 포함한 인도, 중국, 일본 등 아시아계 이민자의 삶에 많은 영향을 미쳤다.[12] 중국 출신의 역사학자 마보 가오Mabo Gao는[13] 19세기 호주의 중국계 이민사 연구에서 중국인을 일시적 체류자sojourner로 묘사했던 백인 중심 연구에 반기를 들며 중국 이주민의 자발적이고 유동적인 이동성을 강조했다. 가오는 19세기 중국계 광산 노동 이민자들이 돈을 벌기 위해 떠돌아다니는 임시 체류자의 신분을 초월해, 지역 사회에 사회·경제적으로 큰 기여를 했음을 강조했다. 동네에 꽃과 나무를 심어 정원을 조성하고, 지역 사회 활동에 적극적으로 참여했으며, 이들보다 먼저 정착한 영국계 백인들과 협력해 광산 지역 개발에 기여한 다양한 예를 소개했다.

국가가 공식적으로 인종차별적 이민 정책을 실시해 아시아계 이민자에 대한 기록이 남지 않았을 뿐이지 그들은 지역 사회에 많은 이바지를 해왔다. 김호열도 마찬가지로 빅토리아 장로교 사회에 수많은 기여를 하고, 일제 식민 치하의 한반도 상황을 호주에 알리는

12 Margaret Allen, "'Innocents abroad' and 'prohibited immigrants' Australians in India and Indians in Australia 1890–1910," in *Connected Worlds*, ed. Ann Curthoys and Marilyn Lake, History in Transnational Perspective (ANU Press, 2005); Amit Sarwal and David Lowe, ""Behind the white curtain": Indian students and researchers in Australia, 1901–1950," *History of Education Review* 50, no. 2 (2021), https://doi.org/10.1108/HER-07-2020-0044; Barry McGowan, "Transnational Lives: Colonial Immigration Restrictions and the White Australia Policy in the Riverina District of New South Wales, 1860–1960", (2013).

13 Mobo Gao, "Early Chinese Migrants to Australia: A Critique of the Sojourner Narrative on Nineteenth-century Chinese Migration to British Colonies," *Asian Studies Review* 41, no. 3 (2017), https://doi.org/10.1080/10357823.2017.1336747

데 큰 역할을 했다.

20세기 초반, 스테파니 아펠트Stefanie Affeldt는 김호열보다 10여 년 먼저인 1910년에 호주에 입국한 다다시 스즈키라는 일본인을 연구했다.[14] 스즈키는 입국 시 필수 항목이었던 영어 혹은 제2외국어 받아쓰기 시험을 보는 등 당시의 인종차별적 이민 정책을 경험했다. 받아쓰기 시험은 정부가 영어권 국가가 아닌 유색 인종의 호주 유입을 막기 위해 실시한 방안으로 모든 비영어권 국가에서 입국하는 외국인은 받아쓰기 시험을 통과해야만 입국과 거주가 가능했다. 나중에 영어 받아쓰기 시험을 통과하는 사람이 많아지자 정부는 제2외국어 받아쓰기 시험을 도입했다. 연방 정부 수립 이후 백호주의하에 중국, 일본 등 동아시아 이주민을 대상으로 각종 예외 규정과 인종적 위계질서 및 힘의 불균형이 존재했다.[15] 퍼듀대학교 역사학자인 데이빗 에킨슨은 받아쓰기 시험을 유색인, 특히 아시아 이민자들을 제외시키기 위한 수단으로 봤다.[16] 에킨슨은 백호주의가 유색인 인구를 관리하는 대영제국의 정책을 본받았으며,[17] 그게 아니었다면 아예 특정

14 Michael Ackland and Pam Oliver, *Unexpected Encounters: Neglected Histories behind the Australia-Japan Relationship*, vol. 113, The American Historical Review, (Monash Asia Institute, 2008/1//, 2007).

15 Stefanie Affeldt, "…polished and cultured, speaking English fluently" The First Japanese Doctor of Broome, in *Documenting Mobility in the Japanese Empire and Beyond*, ed. Takahiro Yamamoto (Singapore: Springer Nature Singapore, 2022).

16 Atkinson, *The Burden of White Supremacy*.

17 Atkinson, *The Burden of White Supremacy*. 22

김호열의 멜버른대학교 학적부 앞(위)과 뒤(아래)[18]

인종을 지정해 이민을 금지시키는 법안을 마련했을 것이라고 주장하기도 했다.[19]

멜버른대학교 캠퍼스 생활

김호열은 1921년 9월에 멜버른에 도착해 1924년 건강 악화로 호주를 떠나기까지 여러 어려움을 겪었다. 페이튼 목사에 의하면, 호주에 도착했을 당시 김호열은 영어를 거의 하지 못해서[20] 장로교 소속의 스카치컬리지에서 먼저 영어 공부를 했다.[21] 장로교 잡지인 〈장로교 메신저The Presbyterian Messenger〉에는 김호열이 스카치컬리지에서 1년간 수학했다고 나와 있지만,[22] 정작 학교에는 그의 기록이 남아 있지 않았다.

스카치컬리지에 김호열의 학생 기록이 없는 이유는 나이 때문일

18 University of Melbourne(자료 제공: 송지영).

19 Atkinson, *The Burden of White Supremacy*.

20 1923 Letter from Rev Paton to Secretary for Home and Territories asking for extension of exemption; (1925) The Late Mr. Hoyul Kim: By One who Loved Him. The Presbyterian Messenger. Nov 13, 1925. p.610.

21 Scotch College, History at https://www.scotch.vic.edu.au/about/history.aspx, last access 8 December 2023.

22 (1925) The Late Mr. Hoyul Kim: By One who Loved Him. The Presbyterian Messenger. Nov 13, 1925. p.610.

가능성이 있다. 호주에 도착했을 당시 그는 20세였는데, 초중고 과정의 기숙 학교였던 스카치컬리지에서 그의 나이나 목적에 적합한 반을 정하지 못했고 단지 장로교에서 초청한 방문 학생 정도로 여겨 공식적으로 등록하지 않았을 수 있다. 그러나 백호주의를 감안한다면 보수적인 장로교 내부에서 그의 국적과 인종 등의 이유로 등록이 누락되거나 거부됐을 가능성도 있다.

스카치컬리지에 남겨진 그에 관한 기록은 몇 없다. 1925년에 발행된 〈스카치 컬리지언The Scotch Collegian〉이라는 교내 잡지에 김호열의 사망 소식이 실렸는데, 그가 사망하기 전에 몇 년간 스카치컬리지를 다녔다는 설說과 '영어' 공부를 한 후 한반도로 돌아가 고국 발전에 이바지할 것이라는 기록,[23] 그리고 사망 무렵 "그의 병실 내 만돌린 옆 테이블 위에 스카치 상징 색(학교를 상징하는 교표 색상의 조합)이 놓여 있는 것을 보니 불쌍한 마음이 들었다"[24]는 짧은 내용만 전해질 뿐이다.

스카치컬리지에서의 경험이야 어떻든 김호열은 1922년에 멜버른대학교 인문학부에 진학한다. 멜버른대학교 학생기록부에 의하면 1945년 이전에 김 씨 성을 가진 학생은 그가 유일하다. 학생의 국적은 기재해놓지 않았기 때문에 김호열 외에 다른 한인 혹은 일본인이

23 Scotch College, *Student Record Database*, Kim, (aka Hoyel), Notes.

24 Scotch College, *The Scotch Collegian* 1925, p.321.

있었는지는 확인이 어렵다. 그의 학적부에는 김호열이 조선기독학교Chosun Christian College, **현재의 연세대학교**에서 수학한 것으로 기록되어 있다. 학적부 뒷면에는 대학 관계자나 지도 교수로 추정되는 인물이 "모든 상황을 고려하더라도 입학 자격이 되는지 의문이나, 특별한 케이스로 받아들이기로 결정했다. 그러나 전례를 만들어서는 안 된다"라는 단호한 표현을 남겨놨다.[25] 이들이 우려했던 대로 김호열은 1학년 1학기 시험에서 순수수학 I, 자연철학 I, 화학 I 모두 낙제했다. 하지만 예외가 적용되어 2학기에도 공부할 수 있었다. 2학년 1학기 시험에서는 네 과목 중 두 과목 통과, 나머지 두 과목인 영어 I과 순수수학 II는 낙제했다. 2학년 2학기 말에 P. B.(이름의 첫 약자로 추정)라는 대학행정 관계자는 김호열의 학적부에 이런 평가를 남겼다.

> 월라스 교수(영어 I 담당 교수로 추정)는 이 학생이 영어 I에 필요한 평범한 수준에 도달할 수 있을 것이라는 그 어떤 합리적인 가능성이 없다는 의견 표명. 김 군의 사례에 있어 P.B.가 영어 수준을 상당히 낮출 것을 허락할 의사가 있는지 알고자 함. 무조치 사례 종결.[26]

호주의 대학에서도 교수가 학생 평가를 하지만, 낙제나 퇴출, 징

25 University of Melbourne, *Student Record*, Kim, Hoyul, BA, 1922-1924.

26 *Ibid*.

THE LATE MR. HOYUL KIM.

By One Who Loved Him.

When I first met Mr. Kim he was headmaster of the Boys' School at Masan, under the Rev. D. M. Lyall. He impressed one by his winsome personality and his wonderful influence over the boys. He had a great desire to come to Australia for a University course. In this he was encouraged by Mr. Lyall, who realised what a great influence he would be in the future development of the school. A passport was finally obtained, and he followed Mr. Lyall to Melbourne. The first news that met him on landing was that his beloved leader had been called home. It was a terrible blow to the young Korean; but Mrs. Lyall was here, and friends gathered round him, while the Fellowship Union of Victoria made themselves responsible for his support. This relieved his friends of financial anxiety, and, after a few weeks spent with different families, he found a comfortable and congenial home with Mrs. Kelleher, of Kew.

The Late Mr. Hoyul Kim.

Though he knew very little English, Mr. Kim soon won his way to our hearts by his wonderful smile and gentle manners. A term at the Scotch College brushed up his English and prepared him for his first year Arts. At the University he became a great favourite, both with his professors and with his fellow students, while he won the admiration of all by his ability. He was a familiar figure at student conferences and Fellowship camps, and summer schools. His contributions to the discussions were always marked by intellectual and spiritual power, while his stories from Korean folk-lore were in great demand around the camp fires.

He found no difficulty in passing his first year Arts, and was well on his way through the second year when he was discovered to be suffering from a malignant growth. It was an overwhelming blow; but doctors and nurses gave themselves freely and unsparingly in the fight against disease. Mr. Kim responded with a faith and courage that made his friends wonder. When the second year examinations came on, he was very ill, but he took them in bed, and just missed getting his year, in spite of the fierce pain that was sapping his strength.

For a time it looked as if the growth had been destroyed, and then it suddenly reasserted itself. Mr. Kim was removed to Mosgiel private hospital, where all that love and skill could do was done to save him. Though terribly depressed at times, he fought his way through to a living faith in God's fatherly love. He said: "I believe that all things work together for good, and that the 'all things' include even death." His courageous endurance amazed his friends and inspired them.

At last, in spite of Mr. Kim's splendid fight, and in spite of all that the best medical and nursing skill could do, it became apparent that his days were numbered. It was then resolved, after consultation with him, that he should return to his own land, and the Fellowship Union undertook to support him there. The Rev. J. Noble McKenzie and his wife were returning to Korea and gladly took him under their charge. He suffered a good deal during the long sea voyage, but reached Korea, where he was welcomed by his family, and found a home in Severance Hospital, where he was under the special care of our own Dr. Charles McLaren.

One day Mr. Kim set out by train to visit his relatives in the north. It was his last journey, for his strength suddenly gave way, and he was gone before the train reached its destination.

"Gone to thy rest—no doubt, no fear, no strife.
Men, whispering, call it death—God calls it life."

NOVELISTS AND RELIGION.

By the Rev. David Ross.

Foreign Missions Sunday, 15th November.

Maribyrnong Presbyterian Church

"SPECIAL FREEWILL GIFT"

BACK TO MARIBYRNONG

SPECIAL SERVICES

SUNDAY, 22nd NOVEMBER, 1925

Preachers—

11 o'Clock—the Right Rev. the Moderator General, Rev. J. Crookston.

7 o'Clock—Rev. D. Macrae Stewart.

Former Scholars or Teachers are invited by the Sunday School Staff to visit the School between 3 and 4 o'Clock.

WEDNESDAY, 25th NOVEMBER

OLD TIME TEA MEETING AND GRAND CONCERT

(Arranged by the Ladies of the Congregation)

TICKETS—1/6 EACH

CONCERT ONLY, ADMISSION 1/-

TEA at 6.30.

In the interval between Tea and Concert, an hour of reminiscences will be spent.

Will any former Members of the Congregation please accept this announcement as an invitation to take part in the celebration.

The Bible Union of Victoria.

A LECTURE

will be given by DR. D. S. MacCOLL

on

"Evolution and Revelation"

in the Presbyterian Church, Cotham Road, Kew, on MONDAY, 16th NOVEMBER, 1925 at 8 o'clock.

Chairman: MR. E. LEE NEIL.

장로교 메신저에 실린 김호열 부고 기사[27]

계 등에 관해서는 대학을 운영하는 행정 관리자들의 최종 허가를 받도록 되어 있다. 김호열의 영어 실력은 멜버른대학교에서 학업을 계속하는 데 있어 대학 관계자들 사이에서 지속적인 문제로 등장한다. 그럼에도 불구하고, 처음부터 김호열을 지원했던 페이튼 목사는 호주 이민국에 이런 서한을 보냈다.

> 김 군은 멜버른대학교에서 1학년을 보낸 후 학업에 있어 일취월장하고 있습니다. 김 군이 처음 호주에 도착했을 때 영어 실력이 부족했던 것을 고려하면 정말이지 대단한 성과입니다. 저는 김 군과 매우 가깝게 지내며, 그가 가진 엄청난 성품과 멜버른대학교 동료 학생들에게 미치는 선한 영향에 대해 보증하는 바입니다.[28]

김호열은 호주에 도착한 지 얼마 되지 않아 장로교 행사에서 증언이나 강연을 자주 진행했다. 이를 계기로 그는 교회 내에서 친근한 인물이 됐고 "토론에 대한 그의 기여는 항상 지적이고 신앙심이 높은 것으로 기억되며, 캠프파이어를 하며 그가 들려준 한반도 민속 설화

27 One Who Loved Him, "The Late Mr. Hoyul Kim," The Presbyterian Messenger, 12 November 1925(자료 제공: 송지영).

28 Rev Frank H. L. Paton, Presbyterian Church of Victoria, Letter to Secretary for Home and Territories, 5 September 1923. National Archives of Australia.

는 항상 인기가 많았다"고 기록되어 있다.[29] 이 모든 활동을 영어로 했을 테고, 김호열의 영어 실력은 빠르게 향상해갔을 것으로 추정된다. 다만 대학에서 요구하는 영어 실력과 교회에서 인정한 것과는 차이가 많아 보인다.

1924년, 페이튼 목사가 호주 이민성에 보낸 서한을 보면, 김호열이 멜버른대학교 3학년으로 진학하기 전임을 알 수 있다. 그러나 시험 기간 중에 그의 건강이 위험할 정도로 악화됐다.[30] 이때까지만 해도 페이튼 목사는 그가 호전되어 3학년으로 진학할 수 있을 것이라고 믿었다. 하지만 안타깝게도 1924년 5월 2일 김호열이 페이튼 목사에게 보낸 편지에는 그해 장로교 연례 행사에 참석이 어려우며, 페이튼 목사와 한반도 사람들에게 약속한 봉사를 못하는 데 대한 두려움을 고백한 내용이 담겨 있었다.[31]

김호열은 호주를 떠나기 전 1년 정도 멜버른 서리힐스Surrey Hills

29 *The Presbyterian Messenger*, "The Late Mr. Hoyul Kim: By One who Loved Him", 13 November 1925, p.610.

30 1924 Rev Paton to Minister, requests exemption.

31 Hoyul Kim, "A Letter to the Fellowship Conference", *The Presbyterian Messenger*, 2 May 1924, p.139.

병원에 머물렀다. 1925년 4월, 그는 호주를 떠나면서 다음과 같은 작별 인사를 남겼다.[32]

> 장로교 연합회 친구들에게.
>
> 이 병실 침대에서 여러분에게 편지를 쓴 게 벌써 1년이 됐네요. 평소와 다름없는 안부 인사지만, 이번에는 마음이 무겁고 슬프기까지 합니다. 이 땅을 떠날 날이 부쩍 다가오는데, 그대들이 내게 베풀어준 따스함과 친절함 때문에 내 마음은 그대들 주변을 맴돌면서 떠날 생각이 없네요.
>
> 친구들이여, 우리가 애초에 계획하고 노력했던 모든 일이 실패로 돌아가는 것처럼 보이기도 합니다. 그래도 믿음으로 견디고 마음을 굳건히 할 시간이 남았으니 끝까지 가보려 합니다. 저는 차분한 마음으로 오로지 주님이 이끄시는 대로 나아가려 합니다.
>
> 앞으로 제가 어디에 있건 매주 일요일 오전 10시부터 10시 30분 사이에는 그대들을 위해 기도하겠습니다. 주님의 품 안에서 그대들과 영적인 만남이 계속 이어질 수 있도록 하겠습니다.
>
> 이 글을 저의 작별 인사로 여겨주세요. 그동안 한반도에 대한 지원과 제게 주신 도움에 따뜻한 감사의 말씀을 올립니다. 앞으로 종종 연락드릴게요.
>
> 그대들의 친구, 김호열로부터

32 Hoyul Kim, "Fellowship Notes," *The Presbyterian Messenger*, 10 April 1925.

여기서 그가 말하는 계획은 아마도 교회 지도자 양성을 통한 한국 교회의 부흥으로 추측된다. 빅토리아 장로교는 김호열의 사망 후 부고를 냈다. 김호열이 대학 과정을 위해 호주에 오고자 하는 큰 의지가 있었으며 학교에서 교수와 동료 학생 들에게 인기가 많았다는 내용이다.[33] 김호열은 1925년 4월 25일에 호주를 떠나 사망하기 전까지 세브란스병원에서 호주 선교사인 찰스 멕라렌Dr. Charles Inglis Mclaren 의사에게 치료를 받았고, 고향으로 가는 기차 안에서 숨을 거뒀다고 한다. 당시 그의 나이는 24세였다. 혹시라도 연세대학교 세브란스병원과 의대 도서관에 그의 흔적이 남아 있지 않을까 싶어 알아봤지만, 아쉽게도 아무것도 없었다.

이민의 촉매자

김호열의 유학은 본인의 안녕과 교육자로서 한반도의 미래를 생각한 것이기도 했다. 일본의 식민 지배를 피해 호주에 왔지만, 백호주의의 영향으로 입국부터 다양한 제제를 받았고 예외 대상이 됐다. 그는 지금의 북한 서호 지역에서 출생했고 장로교 신자였다. 조선기독

33 "The Late Mr. Hoyul Kim: By One who Loved Him", *The Presbyterian Messenger*, 13 November 1925, p.610.

대학교를 다닌 것을 보면 중상류층 계급에 속했을 것이다. 그런 그가 호주로 올 수 있었던 것은 교회를 통한 인적 관계 덕분이었다. 경남 마산 지역에서 호주 선교사들을 알게 됐고 빅토리아 장로교가 그를 후원했기 때문에 영어를 거의 못하는 김호열이 멜버른대학교에서 수학할 수 있었다. 빅토리아 장로교라는 교육 이민의 중재자mediator 혹은 촉매자facilitator가 없었더라면 김호열의 호주 유학은 없었을 것이다.

김호열과 교회 사이에는 공유되는 가치가 있었다. 김호열에게는 기독교 지도자로서의 성장, 교회로서는 그를 통한 기독교 전도와 부흥이었다. '어두운' 조선을 기독 교육을 통해 '빛'내고자 하는 것이 그의 바람이었다. 이는 장로교 해외 선교의 가치와 맞물렸다. 이런 공동의 가치가 있었기에, 가장 적합한 능력과 자질을 갖춘 김호열이 초국적 이동의 주체 또는 객체가 될 수 있었다. 보호해주는 국가가 없어도, 나라를 빼앗은 일본의 여권을 들고라도 자신과 중재자가 추구하는 가치를 위해 국경과 바다를 건너 호주까지의 이동과 거주를 감수한 것이다.

한반도에는 배출 요인이, 호주에는 유입 요인이 있다고 해서 모두가 고국을 떠나 초국적 이동을 실행에 옮기지는 않는다. 떠나고 싶은 것과 떠날 수 있는 것에는 차이가 있다. 또 떠났다고 해도 현재 거주하는 국가에 영구 정착하고 싶은 것과 할 수 있는 것에도 차이가 있다. 이런 차이는 어디에서 올까? 실행력과 적응력, 정보 습득력, 그리고 각자의 동기와 능력이 있겠지만, 청년 이민에서 결정적인 역할을 하는 것은 부모나 주변인으로부터 물려받아 축적한 자원의 범위와 질이다. 바로 촉매자가 어디까지 해줄 수 있느냐이다. 물론 20세기 중후반으로 갈수록 촉매자보다 본인의 능력이 더 중요해진다. 하지만 20세기 초 일본의 지배하에서 한인 청년의 초국적 이동은 촉매자 혹은 재정적 후원자 없이는 불가능했다. 대한제국이 망하고 일본의 신민으로 살아야 했던 한인 청년에게는 대표할 국가는 존재하지 않았고, 계급과 종교 등 본인에게 주어진 범위 내에서 초국적 이동을 가능하게 해줄 촉매자와의 관계가 가장 중요했다.

오늘날도 많은 한인 청년이 호주 유학길을 선택한다. 백 년 전처럼 일본 여권을 들고 가야 하는 상황은 아니지만, 여전히 청년의 교육 이민에 있어 학교나 장학재단 등 보증이나 중재자 역할을 하는 개인 혹은 기관의 역할이 크다. 이민의 역사가 길어지면서 가족, 친지, 친구로 사회 관계망이 넓어지고, 인터넷의 영향으로 이민과 이주에 관한 정보를 자유롭게 접할 수 있기 때문에 중재자나 촉매자의 역할이 확대 및 다양화되고 있다.

다양해진 중재자의 종류는 다음과 같다. 첫 번째는 교육 행정적 중재자educational mediator로 입학 허가서를 발부하는 학교와 장학금을 제공하는 재단을 들 수 있다. 호주 유학생은 국내 학생보다 세 배가량 비싼 학비를 내기 때문에 학교마다 유학생 유치 경쟁을 한다. 호주의 대학들은 한국에서 적극적으로 학교를 홍보하면서 학생들을 끌어모으려 한다. 합격이 결정되고 나면 학생 비자 발급 등을 위해 유학 이민의 중재자 역할을 한다.

두 번째로 사회적 중재자social mediator가 있다. 호주를 이민지로 택하는 청년 이민자는 이미 호주를 경험한 가족이나 선배 들로부터 조언을 구한 상태다. 이들이 제공하는 정보는 학교를 선택하는 데 있어서 매우 결정적인 역할을 한다.

세 번째로는 상업적 중재자commercial mediator다. 한국의 경우에는 이민 대행사나 유학원이 여기에 속한다. 호주에서는 코리아타운 내에는 비자와 영주권 신청을 한국어로 상담하고 영어로 대신 신청해주는 회사가 있다.

마지막으로 종교적 중재자religious mediator인 교회다. 교회는 여전히 한인 유학생에게 장소를 넘어 정보 교류, 한국 음식 제공, 긴급 연락, 사회 복지 등 다양한 사회·문화적 서비스를 제공한다.

제국주의 확장과 선교를 목적으로 이뤄졌던 지식인과 상류층 중심의 20세기 촉매자와 달리, 21세기 촉매자의 역할은 단순한 자금과 행정 지원의 차원을 뛰어넘어 상업화 및 종교화됐다. 긍정적인 측면으로는 가족과 지인 또는 한인 교회 등을 통해 제공되는 신규 이민자를 위한 사회·문화적 서비스가 심리적 안정감과 소속감, 그리고 사회 관계망 형성을 제공한다. 하지만 그 이면에는 촉매자가 본인의 이익을 위해 브로커 비용을 받고 불법 이민을 주선하는 등의 역효과도 나타나고 있다. 또 먼저 이민한 사람이 이민 예정자를 대상으로 촉매자 역할을 하는데, 이 과정에서 착취와 사기가 발생하기도 해서 21세기 이민 촉매자의 역할이 항상 선하지만은 않다.

이민의 진화는 국적과 인종 초월에서 시작된다. 앞서 살펴본 인간안보의 개념과 이번 장에서 소개한 김호열의 사례를 보면 청년은 초국적 이동, 즉 이주와 이민이라는 도구를 통해 좀 더 나은 인간안보를 추구하며 진화해간다. 김호열은 호주 유학을 통해 일제의 지배하에서도 한인 집단의 정체성과 안전을 추구하려 했다. 비록 이른 죽음으로 인해 실현하지는 못했지만 그의 이상은 살아남았다. 김호열이 무사히 호주에서 학업을 마치고 고국으로 돌아와 뛰어난 지도자로 성장했다면, 한인 집단의 성장과 안보에 큰 기여를 했을 것이다. 그와 그의 학교, 그리고 학생들이 교육을 통해 성장하고 진화하면서 일제강점기라는 제한된 환경 속에서도 정체성을 유지하며 발전하는 모습을 봤을 것이다.

일제강점기 시절 많은 한인 청년이 김호열처럼 집단안보를 보장하기 위해 이민의 종합계산법으로 유학이라는 경로를 선택했다. 이주를 감행한 이들의 성공적인 유학과 귀국으로 인해 우리 사회가 발전하면서 둘의 관계는 점점 상호보완적으로 발전하게 된다. 이런 점에서 청년 이민은 사회와 국가가 진화하는 도구이자 매개체라고 할 수 있다.

3장

한국 전쟁을 피해 연합군의 나라로

평안북도 박천 출신 최영길은 한국 전쟁 당시 호주군에게 발견되어 호주군의 마스코트 보이로 지냈다. 전쟁이 끝나고 한참 후인 1968년에 그는 호주군의 초청으로 가족과 함께 호주로 떠나 영주권을 취득한다.

가난한 집안에서 태어난 조영옥은 한국 전쟁 당시 기지촌까지 흘러들어가 일하게 됐는데, 전쟁이 끝나면서 호주 군인과 결혼해 호주에 정착하게 된다.

호주군의 마스코트 보이에서 호주 시민권자로

1934년, 최영길은 평안북도 박천에서 태어났다. 그는 사업을 하던 아버지를 따라 중학생 때부터 서울에서 학교를 다녔다. 1950년 6월 25일, 한국 전쟁이 발발하면서 경기상업고등학교에 다니던 그는 고향인 박천으로 돌아갔다. 그러나 10월경 중공군이 한국 전쟁에 개입해 소년병을 징집할 것이라는 소문이 돌자 그의 가족은 그를 아버지가 있는 남한으로 보냈다. 남한으로 내려가던 길에 배가 고팠던 최영길은 먹을 것을 찾아 돌아다녔고, 길거리에 죽어 있는 북한군의 호주머니에서 생쌀을 발견해 꺼내고 있었다. 그러던 중, 압록강 유역으로 전방 정찰을 나왔던 호주군에게 발견됐다.

최영길을 받아들인 호주군 3대대장 찰스 그린의 미망인 올윈 그린의 자서전에 의하면, 북한 소년 최영길은 호주군에게 발견된 이후에 의무병인 간데비아 박사Dr. Gandevia를 도우며 2년 9개월 동안 그들과 함께 생활했다.[1] 나중에 그는 정식으로 주한 영연방 소속 국군인 카트콤Korean Augmentation for Common wealth Troops, KATCOMS으로 고용됐고 월급도 받았다. 미군으로 파견되어 근무하는 카투사Korean Augmen-

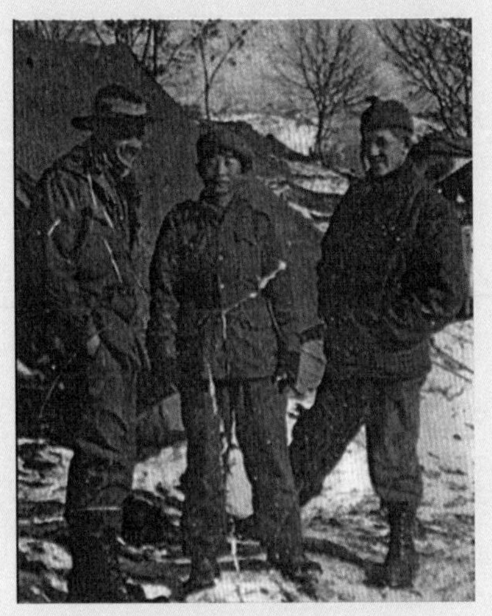

호주군 3대대 소년병 최영길, 1951년[2]

tation Troops for the United States Army, KATUSA와 달리 카트콤은 한국 사회에 잘 알려져 있지 않다.

한국 전쟁 당시 천여 명의 카트콤이 있었는데 이들은 유엔군 산하의 영국, 캐나다, 호주, 뉴질랜드군에게 16주간 훈련을 받은 후 근무했다. 호주 정부의 기록에 의하면, 1953년 3월 28일 호주군 2대대에 약 120명, 3대대에 약 백 명의 카트콤이 있었고,[3] 최영길은 3대대에 소속되어 있었다. 폐지되기 전 문화공보부장관을 지냈던 김성진도 카트콤 출신이다.[4] 이들은 영연방으로부터 군복과 식량을 제공받았고 급여는 한국군으로부터 받았다. 북한군 포로 통역, 의무·보건, 정보·정찰 등의 영역에서 활동하고 공을 세웠으나, 전쟁 이후에 해체되면서 대중에게는 거의 알려지지 않았다.

최영길은 호주군과 함께 있으면 굶주리지 않겠다는 생각에 이들을 따라다녔다. 호주 군인들도 그를 받아들여 한국 전쟁 기간 내내 함께 생활했다. 레이 에드워드(한국 전쟁 당시 중위로 근무)는 당시의 최영길을 이렇게 회상했다. "그는 안전핀, 붕대, 집게, 가위, 솜 등을 항상

1 Olwyn Green, The Name's Still Charlie: Lieutenant-Colonel Charles Green, DSO. Australian Military History Publications, 2010, pp.269-270.

2 《호주한인50년사》, 양명득, 40쪽, 진흥출판사(2008).

3 Australian War Memorial, KATCOMS – Mini Exhibition at https://www.awm.gov.au/articles/blog/koreanwar70years/online-exhibitions/katcoms.

4 "카투사 잘 아는 당신, 혹시 카트콤도 아시나요?", 세계일보, 2020년 3월 27일(https://www.segye.com/newsView/20200326521515).

가지고 다녔다. 한마디로 걸어다니는 공구함이었으며 뭐든지 다 수리했다. 그는 통역관, 위생병, 병참요원으로 3대대에서 없어서는 안 될 보물이었다."[5]

전쟁이 끝나고 경기상업고등학교로 복학한 최영길은 호주군에게 소정의 장학금을 받아 1957년 연세대학교 고등상과에 진학했다. 그는 전쟁 내내 카트콤으로 호주군 생활을 했으나, 정식 복무로는 인정되지 않아 군복무를 다시 했다. 카트콤이 정식으로 인정받은 것은 1953년 7월에 정전협정이 체결된 이후였다. 최영길은 1963년에 대학을 졸업하고 한국철강협회 사무총장으로 일하던 중 호주 대사관을 찾아가 호주군 3대대 전우들을 찾기 시작했다. 이것이 계기가 되어 5년 후인 1968년 6월 20일, 한국 및 동남아 참전군인협회Korea & South Asia Forces Association of Australia, 정확히 말하면 한국 전쟁 참전 호주군 3대대(가평대대)의 초청으로 부인 양희진과 당시 15개월이던 장녀 순은을 데리고 호주로 영구 이민을 갔다. 그때 그의 나이는 33세였다.

최영길은 호주 참전군인협회의 도움으로 영주권을 얻은 최초(이

5 윤여문, "시체에서 쌀 뒤지던 소년, 호주 군인들의 아들로", 오마이뉴스, 2007년 4월 15일 (https://www.ohmynews.com/NWS_Web/View/at_pg.aspx?CNTN_CD=A0000404164).

6 Australian War Memorial, Accession Number MELJ0842/

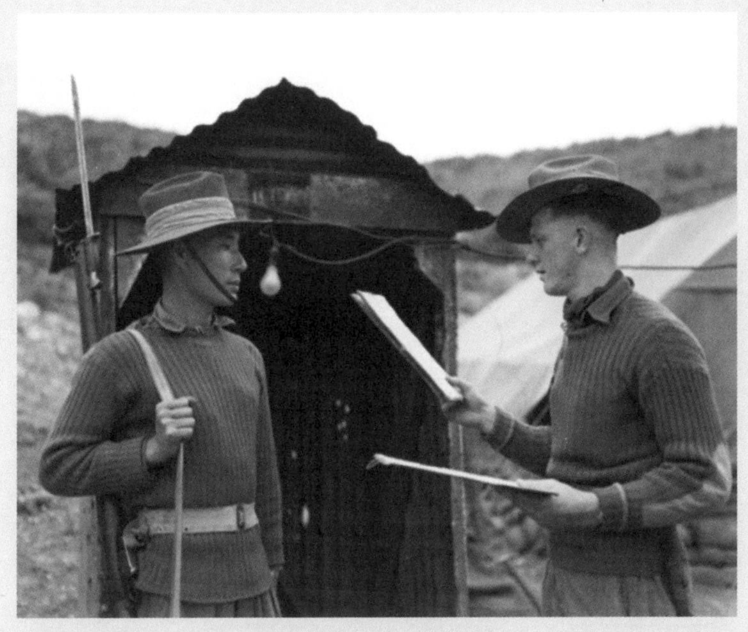

한국 전쟁 당시 카트콤 소속 한인[6]

(카트콤 소속 한국 군인인 박인출 상병이 호주군 윌리엄 스트러튼 상병에게

DMZ 철책 순찰과 관련한 지시를 받고 있다)

Now, 18 years later, "Rhubarb" is to rejoin his mates of 3RAR.

Addressing the second national conference of the Korea and South East Asia Forces Association of Australia, held in Canberra last month, the National Executive Officer, Mr. A. G. Keys, said:

His dream came true

Sixteen-year-old "Rhubarb" joined the soldiers of the 3rd Battalion, The Royal Australian Regiment, as they retreated in that black winter of 1950.

Eighteen years later "Rhubarb", Choi Yung Kil, above, has arrived in Australia with his family to begin a new life.

1968년 호주군인신문에 실린 최영길의 기사[7]

자 최후)의 한인으로 호주 미디어에 소개되기도 했다. 기사에 의하면 호주군 3대대가 '입양'한 최영길은 부대 내에서 '루바브Rhubarb'[8]라는 별명으로 불렸다. 내가 2018년에 인터뷰한 올윈 그린 여사는 그가 여전히 '루바브'로 불린다고 했다. 그의 별명이 왜 '루바브'인지는 잘 모르지만, 아마도 당시 한국에 없던 채소인 '루바브'를 좋아해서 그랬던 것 같다.

한국 전쟁 시 함께 복무했던 3대대 동료 군인들은 최영길이 영주권을 얻을 수 있도록 도왔을 뿐만 아니라, 가족들과 머물 임시 숙소와 그의 직장까지 제공했다. 33세라는 비교적 늦은 나이에도 불구하고, 그는 한국 전쟁 참전 군인의 도움으로 호주 국영 항공사인 콴타스Qantas에 취직해 1991년까지 일했다. 당시 최영길의 호주 이민과 이민 생활은 한국에도 자세히 보도됐다. 그는 시드니 본다이정션에 방 두 개짜리 집을 구했는데 방세는 일주일에 20호주달러였다. 직장은 일주일에 5일 근무(당시 한국은 6일 근무)로 소득세와 의료보험을 제외하면 주급 순수입은 54호주달러였다. 1960년대 대한민국 대졸자 초임의 월급이 3~5만 원 사이, 1970년대가 5~7만 원 사이임을 감안하면, 1968년에 그가 받은 월급은 약 220호주달러 정도로 한화로는 20만 원이 훌쩍 넘는 어마어마한 금액이었다.

7 "Now, 18 years later, "Rhubarb" is to rejoin his mates of 3RAR", Australian Army, 15 Feb 1968 at https://trove.nla.gov.au/newspaper/article/267033317?searchTerm=Choi%20Korea.

8 마디풀과의 여러해살이 풀로 시베리아가 원산이며 전 세계에 분포해 있다.

2장에서 소개한 김호열이 빅토리아 장로교와의 인연으로 멜버른대학교에서 유학을 했듯이, 최영길은 호주군 3대대와의 인연으로 호주에 온 지 18년 만에 시드니에 영구 이민을 했다. 이렇듯 청년 이민에서 중재자나 촉매자의 역할이 매우 중요한데, 그중에서도 거주국의 영향력 있는 기관이나 인사의 초청은 더욱 강력한 힘을 발휘한다. 한인 이민자가 정착하기까지 호주 빅토리아 장로교와 호주 참전 군인회Korean Veterans Association of Australia는 큰 역할을 했다. 한인 기술 이민자를 초청하고 그들이 정착하도록 도움을 제공했을 뿐만 아니라, 기독교, 교육, 운송 분야에 이들을 적극 소개함으로써 양국 교류에 결정적인 역할을 했다. 1961년, 호주와 대한민국이 국가적 외교 관계를 수립하기 훨씬 이전부터, 재호한인은 두 나라를 잇는 가교 역할을 하며 양국이 우호적 관계로 발전하는 데 중요한 밑거름이 됐다. 김호열과 최영길의 이민 촉매자는 각각 교회와 군대로 서로 달랐으나, 두 집단 모두 호주 사회와 경제에 있어 영향력을 행사하는 기관이라는 공통점이 있었다.

최영길은 호주에 정착한 이후, 한국과 호주는 피로 이어진 혈맹 관계임을 강조하며 양국 관계 증진에 앞장섰다. 또한 호주 참전 군인들과 함께 매년 한국 전쟁 기념 행사에 참여해 호주군의 희생을 상기하며 소년병이었던 본인을 '입양'해 호주에 영구 이민하도록 도와준 참전군인회에 대한 감사를 잊지 않았다. 1968년, 박정희 전 대통령이 호주를 방문[9]했을 때도 대통령과 영부인을 직접 만나 양국이 혈맹 관계임을 강조했다.

최영길은 양국 간 운송·교류에도 많은 기여를 했는데, 콴타스에서 근무하며 호주의 한국 취항에 핵심적인 역할을 한 것으로 알려져 있다. 1988년, 한국은 올림픽 개최국으로 선정됐고 민주화를 이루면서 서서히 세계화에 동참하고 있었다. 1990년은 대한민국이 세계 여행 자유화를 공식적으로 실시하기 이전이었지만 콴타스는 이에 대비한 준비와 시범 운영을 이미 마친 상태였다. 아마 일찍이 상업적 가치를 계산한 것으로 보이는데, 여기에는 최영길의 공이 컸다. 일본에는 1948년, 홍콩에는 1949년에 취항한 것에 비해 40여 년 정도 늦었지만, 최영길의 노력 전에는 양국 간 외교 혹은 상업적 교류가 없었다고 볼 수 있다.[10]

그는 3대대의 명예 부대원으로 한국 및 동남아 참전군인협회 한국지부를 창설했고 3회에 걸쳐 지부장을 맡았다. 또한 한인회를 설립

9 "역대 대통령 호주 방문 역사로 짚어 보는 한호 정상회담", SBS, 2021년 12월 14일(https://www.sbs.com.au/language/korean/ko/podcast-episode/south-korean-presidents-australian-visit-vital-for-bilateral-ties/om6fwxrrr).

10 "콴타스항공 2025년 6월 시드니-인천 운항 중단", SBS 한국어, 2024년 10월 17일(https://www.sbs.com.au/language/korean/ko/podcast-episode/qantas-will-cease-flying-between-sydney-and-seoul/8ccxxkipw).

해 운영하며 호주 내 한인 사회에서 지도적인 역할을 했다. 1968년에는 초대 한인회 총무를 역임했고, 1970~1974년까지 제2~4대 및 6대 한인회 회장을 연이어 역임하면서 한인회의 기반을 다지고, 재호 한인 간 교류에도 이바지했다.

1970년대 중반 이후에는 파월 노동자의 호주 유입과 불법 체류, 그리고 늘어나는 사업 이민자로 인해 그의 활동이 조금씩 뜸해졌다. 하지만 여전히 한인 사회에서 그의 이름과 사연은 많은 이에게 회자되고 있으며 양국 간 중요 행사 때마다 그의 모습을 볼 수 있었다. 최영길은 양국 관계와 한인 사회에 끼친 공로를 인정받아 1989년 호주 훈장Order of Australia, OA을 받았다.[11] 그는 2007년에 지병으로 세상을 떠났다. 재호한인들은 그가 했던 많은 일을 기리며 한인회의 이름으로 장례를 치렀다.

전쟁과 결혼

호주와 한국은 매년 한국 전쟁 기념일 행사에 호주 참전군을 초청해 감사를 표한다. 나는 2018년 멜버른에서 열린 호주참전군인회

11 Commonwealth of Australia Gazett, The Queen's Birthday Honours 1989, 12 June 1989 (Issue Number S192) at https://trove.nla.gov.au/newspaper/article/240710523/25895111.

성탄절 행사에 참여했는데, 참전 군인들과 같은 테이블에 배석되어 그들에게 전쟁 때 경험한 이야기를 직접 들을 수 있었다. 앞서 소개한 최영길은 이들에게 전쟁고아로 이미 잘 알려져 있었다. 최영길의 별명이 루바브였다는 것도 이들에게 들었다. 나는 최영길 외에도 한국전쟁 직후 호주로 이민 온 한국인이 있는지 알고 싶어 호주참전군인회에 문의했다. 그 결과, 한국에서 호주군인 남편을 따라온 여자가 있으며 서호주에 거주 중이라는 말을 들었다. 그를 찾기 위해 서호주한인회를 통해 수소문했지만, 아는 이가 없었다.

서호주에서 그의 남편을 잘 안다는 한 참전 군인의 가족에게 연락이 왔다. 그들은 내게 그와 그의 남편이 사망했다는 소식을 전해줬다. 그들에게 남은 가족이 있는지 물어봤지만, 안타깝게도 알고 있는 사람이 없었다. 다음 이야기는 참전 군인의 가족으로부터 들은 한국인 전쟁신부, 조영옥의 삶이다.

조영옥은 한국 전쟁 당시 10대 중반이었다. 찢어지게 가난한 집에서 거의 버림받은 처지의 그는 이곳저곳을 떠돌며 집안일과 허드렛일로 삶을 이어가고 있었다. 그와 알고 지냈던 호주인의 표현을 빌리면, 거의 노예slave 생활이었다고 한다. 그러던 중에 미군과 연합군이 군집해 있는 기지촌으로 가면 일거리가 많을 것이라는 말을 듣고 그곳으로 향했다. 기지촌에는 미군과 연합군을 상대로 하는 상점과 술집, 유흥업소 들이 있었는데, 이곳에서 성매매가 이뤄지기도 했다. 그는 기지촌에서 미군 손님을 데려오면 돈을 주겠다는 제안을 받았고 그렇게 그곳에서 일을 시작했다. 처음에는 미군 손님을 데려오는 일만 하다가 더 많은 돈을 벌기 위해 성매매까지 하게 됐는데, 그러던 중 호주 군인을 만났다.

조영옥은 호주 군인을 남편으로 맞이했고 그를 따라 호주에 가기로 결심했다. 그 호주 군인은 전쟁 직후 본국으로 돌아가 조영옥과 편지를 주고받으며 연락을 이어갔다. 전쟁이 끝나고 2~3년이 지나서야 조영옥은 배우자 비자를 받아 남편과 만날 수 있었다. 그의 남편이 거주하던 지역은 도심에서 서너 시간을 운전해가야 하는 내륙의 작은 마을로, 당시에는 아시아인이 한 명도 거주하지 않았다.

조영옥은 남편에게 의지해 마을에 정착했다. 그와 남편 사이에는 총 여섯 명의 자녀가 있었는데, 두 명은 어릴 때 사망했다. 조영옥은 마가렛Margaret, Maggie이라는 영어 이름을 썼다. 농장일과 집안일, 네 명의 자녀를 양육하면서 힘든 일이 많았겠지만, 그는 지옥 같았던 한국으로 다시는 돌아가지 않을 것이라고 했다. 그 결심 때문인지 모르지만, 조영옥은 1990년대 이후로 확대된 서호주 한인 사회에서도 전혀 활동하지 않았다. 실제로 서호주한인회에서 그를 아는 사람이 한 명도 없었다. 재호한인들과 어울리면 아마 과거 기지촌과 한국에서의 생활이 떠오를까 봐 두려워서 일부러 피했는지도 모르겠다.

조영옥의 남편이 어떤 사람인지 궁금했지만, 참전군인회 관계자들은 그에 대해 자세히 말하기를 꺼려 했다. 좋은 사람이고 매우 조용한 편이라고만 했다. 그의 남편은 참전군인회 모임이 막 시작됐을 때는 몇 번 참석했지만, 너무 먼 곳에 살고 있어 자주 오지 않았으며 그렇게 점차 멀어졌다고 한다. 그래도 큰 행사에는 가끔씩 참석했고 부인인 조영옥과 같이 나온 적도 있었다. 조영옥은 볼 때마다 모습이 달라졌는데, 한국인의 정체성이 점점 옅어지면서 나중에는 호주인처럼 보였다고 했다. 한국말도 다 잊었다고 했다. 아마도 호주 사회에 점차 동화되면서 한국을 잊어간 것으로 보인다.

한국 전쟁이 끝나고 한참이 지나서 가족과 함께 이주한 최영길은 재호한인 사회 활동을 적극적으로 주도하며 한인의 정체성을 이어간 데 반해, 조영옥은 호주 군인의 배우자로 결혼 이민을 온 경우이기 때문에 호주 사회로의 동화가 자연스러운 현상이었던 것으로 추측된다. 하지만 한편으로는 한국에서의 기억을 잊고 싶어 스스로 한국인이라는 자신의 정체성을 부인한 것은 아닌가 하는 생각도 든다. 당사자를 직접 만나보지 않았기 때문에 그 이유를 영영 알 수 없는 게 연구자로서 매우 안타까울 따름이다.

최영길과 조영옥 둘 다 부모가 살아 있었지만, 혼란과 가난으로 고아나 다름없었다. 한 사람은 시체를 뒤지다가 호주군에 발견되어 마스코트 보이로, 다른 한 사람은 식모살이에서 기지촌 여성으로 살면서 삶이 송두리째 바뀌었다. 전쟁이 끝난 후에 나라를 복구하는 동안 기아와 가난이 지속됐고 반공주의와 군사 독재까지 이어졌다. 이렇게 정치적으로 혼란스럽고 경제적으로 어려운 상황 속에서 서구를 경험할 수 있는 사람들은 엘리트에 한정됐었다. 하지만 일반 가정에서도 예기치 않은 인연으로 인해 동맹국이었던 호주로 이민을 간 청년들도 있었다. 최영길과 조영옥은 매우 다른 사례지만, 1950~1960년대에 호주로 이민 온 예기치 않은 극소수 한인 청년에 해당한다.

전쟁고아
입양인

이 책에서 다루는 한인 '청년'에 연령상 포함은 안 되지만, 직접적으로 관련된 부류가 있다. 한인 입양인 혹은 혼혈 한인 입양인이다. 한국 전쟁 이후로 현재까지 호주에 입양 온 한국인은 3,600여 명에 달한다.[12] 대부분 1970~1980년대에 왔지만, 소수이긴 해도 1950년대에도 전쟁고아 입양인이 존재했다. 이들은 모두 미성년자로 본인의

12 Song, Jay, and Ryan Gustafsson. 2023. "Korean Adoption to Australia as Quiet and Orderly Child Migration" *Genealogy* 7, no. 2: 40. https://doi.org/10.3390/genealogy7020040.

의지로 이민 온 것이 아니기 때문에, 이 책의 범위에서는 벗어난다. 전쟁고아의 입양은 1차적으로 호주 양부모의 선택에 의해 시작되며 한국의 법정 대리인 혹은 입양 기관이 수속을 진행한다. 그리고 호주 정부가 승인함으로써 이뤄진다.

전쟁으로 부모를 잃은 아이들이나 경제적으로 여의치 않아 부모가 포기한 아이들, 그리고 기지촌 여성이 낳은 혼혈 아동 중 상당수가 입양 기관에 보내졌다. 이 중 대부분은 미국이나 서유럽으로 입양을 갔는데, 호주로 온 경우도 있다. 호주로 입양된 전쟁고아에 관한 정확한 통계는 존재하지 않지만, 호주한인입양인 모임에 자발적으로 존재를 드러내면서 알려진 경우가 드물게 존재한다.

나는 2019~2020년에 재호한인 입양인에 대한 연구를 진행하면서 입양인 모임을 알게 됐다. 이들은 지속적으로 온·오프라인 모임을 가졌고 한국 정부의 초청으로 한국을 방문하는 등 30~40대를 중심으로 활발하게 활동하고 있었다. 이 모임을 통해 한국 전쟁 이후 호주로 입양된 리처드라는 혼혈 남성의 이야기를 들을 수 있었다.

리처드는 1954년 6월생으로 본인을 소개했다. 그는 1956년에 호주의 한 기독교 가정으로 입양됐는데, 본인이 알고 있는 생년월일이 진짜인지는 알 수 없다고 했다. 생김새로 미루어 보아서는 한인과 백인의 혼혈인데, 기지촌 여성과 백인 군인 사이에서 태어난 것으로 짐작하고 있었다. 리처드는 출생 직후 기관이 아닌 교회를 통해 호주로 입양됐는데, 생모나 생부에 대한 기록은 전혀 없었다. 그는 성인이 될 때까지 입양 사실을 몰랐고, 단지 본인이 가족들과 조금 다르다고만 생각했다. 그는 자신이 입양됐다는 걸 안 후에도 친부모를 찾는다거나 하는 노력은 하지 않았다. 하지만 나이가 들면서 한국이 궁금해졌고 친부모를 찾고 싶다는 마음이 들었다. 그때가 2000년대 중반으로 재호입양인 모임이 생기기 전이었다. 재호입양인 모임이 설립된 후인 2010~2011년경 리처드가 먼저 모임에 연락을 취했다. 그를 만났던 한 입양인의 기억에 의하면, 그는 백인치곤 작은 키에 진갈색 눈동자를 제외하곤 한국인의 특징이 거의 보이지 않는 평범한 백인 '아저씨'였다고 한다. 그리고 한국에 가보고 싶다고 말했지만 그 이후로 연락이 끊겼다고 한다.

1950~1960년대 해외 입양은 문서나 기록이 아예 존재하지 않아 친부모를 알 수 없는 경우가 허다하다. 게다가 입양인이 성인이 될 때까지 혹은 평생 입양 사실을 숨기는 문화까지 존재했다. 리처드처럼 아이가 없는 가정에 입양됐다가 나중에 양부모에게 아이가 생길 경우에는 성장하면서 많은 혼란을 겪는다. 리처드 스스로도 자신이 가족들과 다른 것을 항상 알았다고 했으니 말이다.

양부모에게 미안해서였는지 아니면 친부모에게 배신감을 느껴서였는지, 나이가 들 때까지 한국이 궁금하거나 친부모를 찾고 싶지 않았다고 한 그의 복잡한 심경을 우리는 알지 못한다. 그리고 왜 그때가 돼야 출생의 비밀을 알고 싶어 했는지도 알 수 없다. 다른 입양인들의 경험에 의하면, 가정을 꾸리고 특히 아이가 생기면 아이에게 알려주기 위해서라도 친부모를 찾고 본인의 뿌리를 찾으려는 경우가 많다고 한다. 리처드도 그런 마음이었을 수도 있다.

한국 전쟁 당시 입양된 사람들은 한인 청년의 호주 이민사에 속한다고 보기에는 힘들다. 하지만 무시해서는 안 될 한국과 호주 사이에 떠도는 살아 있는 영혼이다.

한국 전쟁이라는 위기와 이민

호주는 한국 전쟁에 연합군으로 참전했다. 파견된 병력은 17,000여 명 정도로 미국과 영국 다음으로 가장 많았고, 전사자는 339명에 달했다.[13] 미군에 비해 파견된 병력 규모는 작았지만, 전쟁 상황에서 발생한 이민의 영향 면에서는 유사한 양상을 보였다. 전쟁과 이민의 관계에서도 마찬가지다. 이 장에서 소개한 최영길, 조영옥, 리처드처럼 호주군 소속 가족 초청 이민부터, 전쟁신부, 그리고 전쟁고아의 입양까

13 "한국전쟁 70년, 호주 참전용사를 기리며", SBS, 2020년 6월 25일(https://www.sbs.com.au/language/korean/ko/podcast-episode/korean-war-veterans-korea-remembers-your-sacrifice-and-devotion/detrxrwl7).

지 전쟁 후에 발생하는 이민의 패턴을 크게 벗어나지 않았다.

전쟁은 어떤 이에게 기회가 되기도 한다. 혼란을 틈타 신분 상승을 노리고 개인적 이익만을 위해 행동하는 경우도 있다. 정치 이념과 가치관을 제외하고 기본적이고 원초적인 인간안보의 시각에서는 자연스러운 판단이다. 청년 이민의 관점에서 봤을 때 주목해야 하는 부분은 전쟁신부와 호주군 소속 마스코트 보이의 호주 이민이 한인 청년 스스로가 자신에게 주어진 환경과 조건을 적극적으로 활용해 정치·개인적으로 더 안전한 곳을 향해 이주했다는 점이다. 극빈층 가정에서 자라난 청년이 본인의 한계를 극복하고, 전쟁이라는 최악의 상황에서 본인과 가족의 안보를 위한 출구를 찾은 것이다. 그들이 전쟁과 분단으로 인한 정치적 불안과 전후 복구까지 이어진 경제적 어려움에서 가장 빨리 벗어날 수 있는 길은 해외 이민이었다. 당시 중하층 서민에게는 이민의 길이 열려 있지 않았지만, 소수는 이렇게 본인의 길을 스스로 개척하기도 했다.

이번 장의 사례에서도 청년의 해외 이주에 있어 중재자가 결정적인 역할을 한다는 것이 뚜렷하게 드러났다. 최영길은 호주군과 맺은 인연으로 이민해 이들의 도움으로 성공적으로 자리 잡을 수 있었다. 조영옥은 호주군을 배우자로 맞이하면서 그의 남편이 결정적인 역할을 했지만, 그녀의 호주 생활은 남편의 영역을 벗어나지 못했다. 모국어인 한국어와 한국인의 정체성을 잊고 호주 시골 마을에 동화된 것은 본인의 의지도 있었겠지만, 남편과 그 사이에서 태어난 자녀들의 역할도 크게 작용했을 것이라고 짐작할 수 있다. 리처드의 경우는 청년이 아니기 때문에 책의 주제에서는 벗어나지만, 아동 본인의 의사가 전혀 작용하지 않았고 양부모와 입양 기관, 그리고 정부의 판단과 선택이라는 전적으로 중재자에 의한 해외 이주와 정착으로 삶이 바뀌었다.

이주자의 의지와 역할이 가장 적극적으로 나타난 것은 당연히 최영길의 사례다. 월남을 선택했던 그는 전쟁 이후에 좀 더 안전한 곳을 향해 호주로 2차 이주를 선택했다. 군사 독재 체제의 남한에서 이북 출신으로 살아가는 것보다는 전우들이 있고 자유 민주주의 국가인 호주로 가는 게 본인과 가족들의 미래를 위한 더 나은 결정이라고 판단했을 것이다. 그의 2차 이주는 단순하고 원초적인 식량안보 문제가 아닌 더 종합적이고 포괄적인 정치안보와 개인안보를 고려한 결과였다. 이처럼 인간안보의 개념과 이주의 관계는 나선형 DNA 구조같이 한 세대에서 다음 세대로 조금씩 진화하면서 발전한다.

한국 전쟁은 1953년 7월 27일, 북한과 중공군, 그리고 유엔군 사령부의 합의에 의해 휴전된 상태다. 다시 말해, 아직 한반도는 분쟁지역이다. 휴전 이후에 납치와 실종 등으로 수많은 사람이 휴전선 반대편으로 사라졌지만, 이들의 생사나 안녕을 확인할 수 있는 제도가 마련되어 있지 않다. 분단국인 한국과 북한에서 다시 전쟁이 발발할 경우, 이주는 또다시 살아남기 위한 수단이 될 것이다.

2부

1972년부터 지금까지의 이민 흐름

4장

베트남 전쟁에서 시작된 사슬 이민

베트남 전쟁 참전 군인이었던 션은 전쟁이 끝날 무렵 호주 군인에게 새로운 소식을 듣는다. 호주가 백호주의를 철폐하고 이민자를 많이 받을 것이라는 이야기였다. 이에 션은 호주로 이민하기로 결정한다.

베트남에 있던 한인 기술자들도 이 소식을 듣고 호주로 입국, 기술을 인정받아 영주권을 취득하게 된다. 대표적인 인물이 바로 김민건과 김동삼이다.

호주 이민 물결은 더 큰 결과를 가져왔는데, 한국에서 남미로 이주한 제시의 가족이 여기에 해당한다. 가족 중에서는 제시의 언니가 먼저 정착하고, 이를 시작으로 사슬처럼 하나하나씩 엮여 형제자매가 모두 호주로 이민하게 된다.

타국의 전쟁터에서
호주로

1972년, 베트남 전쟁에 참전한 션은 전쟁 중에 만난 호주 군인에게 백호주의가 끝난다는 말을 듣고, 한국으로 돌아가는 대신 호주행을 택했다. 그의 첫 해외 경험이었다.

군사 정권 시기였던 당시 대한민국은 미국과 우호적인 관계를 유지하고 해외 인력 송출 및 외화 벌이 수단으로 1964년부터 1973년까지 베트남으로 대규모의 군인을 파병했다. 총 321,000명가량이 참전했고 만 명이 넘는 사상자가 발생했다.[1] 22세였던 션은 군 복무 중 베트남 파병에 지원했다. 당시 베트남 전쟁 파병 군인은 미군으로부터 물자를 지원받아 부대 내에서 비교적 풍족한 생활을 했다. 때로는 미군이 남기고 간 물자가 넘쳐나서 현지에서 이를 판매하거나 한국으로 수송하는 사업까지 생길 정도였다. 당시 한국뿐만 아니라 대만, 호주, 뉴질랜드도 베트남 전쟁에 파병을 했는데, 모두 미국의 우방국으

1 대한민국 월남전참전자회, 한국군 관련 통계(http://www.vvak.kr/memorial/statistics-related-korea).

로 파병 군인들끼리 정보나 물류를 교환하는 일이 많았다. 이 과정에서 접한 호주나 뉴질랜드의 삶은 션에게 새로운 꿈을 심어줬다.

2016년, 시드니의 커피숍에서 한국 전쟁과 베트남 전쟁 참전 군인 배지를 달고 있는 한 무리의 장년 남성을 발견했다. 그중 유일하게 한글 배지를 단 사람이 눈에 들어왔다. 그에게 다가가 한국말로 인사를 건넸더니, 같은 한국 사람이라고 매우 반갑게 맞아줬다. 당시 나는 시드니 로위연구소Lowy Institute에서 이민 정책 연구를 담당하고 있어서, 간단히 내 소개를 하고 연락처를 교환했다. 호주의 베트남 전쟁 참전 군인 무리에서 한국인을 발견한 것이 흥미로웠고, 그의 이민 이야기를 듣고 싶어서 정식으로 인터뷰 요청을 했다. 인터뷰를 통해 그의 이민 생활을 자세히 알 수 있었다. 독실한 기독교 신자인 그는 인터뷰 이후로도 간간히 메신저로 성경 구절을 보내오거나 안부 인사를 전하곤 했다.

션을 다시 만난 것은 2019년 한국 전쟁에서 전사한 찰스 그린 중령의 부인인 올윈 그린 여사의 장례식에서였다. 나는 2017년에 멜버른대학교로 직장을 옮기고, 한국학 석박사 및 학사 과정과 한국한 연구소 설립을 준비하고 있었다. 2018년부터는 재호한인 연구를 시작해 관련자를 인터뷰했다. 그 무렵 그린 여사는 멜버른의 한 노인 요양 시설로 이사를 왔다. 나는 호주군과 한인 이민의 관계를 더 심도 있게 연구하기 위해 그린 여사가 있는 요양 시설을 몇 차례 방문해 인터뷰를 진행했고 관련 자료를 일부 넘겨받았다. 그린 여사와 대화하며 션이 해마다 그의 생일을 챙겼다는 것을 알았다. 션이 호주로 이민을 오게 된 가장 큰 계기는 베트남 전쟁 참전 군인 동료들과 호주 군인들에게서 들은 정보 때문이었다. 그래서일까. 호주로 이민을 온 이후 줄곧 호주의 베트남 전쟁 참전 군인 행사에 참여했다. 이를 통해 한국 전쟁에 참전한 군인들을 알게 됐다. 그중 그린 중령은 그들을 대표하는 사람이나 다름없었기 때문에 션은 그린 여사를 정성스레 챙겨왔다고 한다. 2018년에 맞이한 그린 여사의 생일 때는 션이 지인들과 함께 멜버른까지 찾아왔었다. 이렇게 한국 전쟁에 참전한 호주 군인과 베트남 전쟁에 참전한 한국 군인은 서로 연결되어 있었다.

1970년대 초반, 백호주의는 국내외적으로 거센 반발을 받았다. 내부에서는 경제 성장을 위한 인구와 노동력 부족으로 인해 외부 인력의 증가를 원했고, 외부에서는 인종차별에 반대하는 전 세계 인권 운동가들로부터 비판을 받았다. 이에 노동당 위틀람Whitlam 정부는 1973년 백호주의를 공식적으로 철폐했고, 이로써 이민의 문호가 열렸다.[2] 당시 이민성 장관이었던 알 그라스비Al Grassby는 아시아 국가를 순방하며 호주 이민을 장려했다.[3] 베트남 전쟁 이후에는 베트남과 캄보디아 난민을 수용하기도 했다.

1973년 1월 27일, 미국과 베트남 간 파리평화협정Paris Peace Accords이 이뤄졌고 미군은 서둘러 베트남에서 철수했다. 그러자 베트남 현지 미군 소속 용역 업체에서 일하던 한국인 기술자와 현지 제대 군인 취업자는 순식간에 일자리를 잃었다. 1960년대 중반부터 박정희 정부는 베트남 전쟁 파병 군인들이 1년의 임기를 마치면 희망자에 한해 전역 후에 한국으로 귀국하는 대신 베트남 현지의 한국 혹은 외국 기업에 취업하도록 허락했다. 이 제도를 활용해 전역한 후 베트남 현지에 진출한 빈넬Vinnell Corporation 같은 외국 기업이나 한진 같은 한국 기업에 취업해 몇 년씩 거주하는 사람도 있었다. 하지만 전쟁이 끝나면서 군대가 철수하고 그와 함께 군수 물자를 조달하던 기업들이 문을 닫자, 현지에서 일하던 사람들이 일자리를 잃은 것이다. 그때 마침 호주에서 백호주의를 철폐한다는 소식을 들은 사람들은 한국으로 귀국하는 대신 제3국인 호주로 취업 또는 이민을 시도했고, 션도

2 National Museum of Australia, "End of the White Australia Policy", at https://www.nma.gov.au/defining-moments/resources/end-of-white-australia-policy#:~:text=particularly%20in%20Asia.-,Multicultural%20Australia,from%20nearly%20200%20different%20countries.

3 National Museum of Australia, "Multiculturalism", at https://www.nma.gov.au/explore/features/harvest-of-endurance/scroll/multiculturalism.

그중 한 명이었다.

션은 베트남 전쟁이 끝난 후 일단 한국으로 돌아갔다. 취업도 하고 결혼도 했다. 베트남 전쟁에 참전했던 동료들과 계속 연락하며 지냈는데, 그중 일부가 호주로 이민을 가서 쉽게 취업하고 정착까지 했다는 소식을 들었다. 백호주의가 철폐되고 동양계 이민자들을 많이 받고 있다는 정보까지 알게 되자 션은 1976년에 호주 관광객으로 입국해 먼저 정착한 베트남 전쟁 참전 동료들과 합류했다. 당시 20여 명의 한인이 시드니 레드펀Redfern의 2층짜리 주택에 거주하고 있었다.

션은 도착하고 바로 다음 날, 지인의 추천으로 청소업과 건설 현장에 투입돼 전기와 용접 등 현지에서 필요한 다양한 기술을 익혔다. 그의 관광 비자 기한은 지났지만 새로 익힌 기술로 회사에 취직해 영주권을 얻을 수 있었다. 1980~1982년 사이에는 한국에 있던 션의 가족과 일부 친척, 지인까지 합류해 시드니 근교에 새로운 터전을 마련했다. 션은 1970년대 중반부터 자신과 같은 베트남 전쟁 참전 군인이나 수송 등을 담당하던 민간인 사업자들이 호주로 대거 들어왔다고 얘기했다.

베트남에서 호주로 향한 또 다른 이들

가장 처음 베트남에서 호주로 입국했다고 알려진 사람은 김민건이라는 한인 기술자다.[4] 그는 1972년 6월 25일, 두 명의 동료와 함께 호주에 입국했다. 김민건은 베트남 전쟁 당시 미국 용역 회사인 RMK라는 곳에서 전기 기술자로 근무했는데, 현지에서 호주 군인을 통해 호주에 관한 소식을 접했다. 시드니 공항에서 김민건과 동료를 맞이한 사람은 먼저 입국해 있었던 유학생 송근화였다. 그들은 송근화가 사는 시드니 글리브Glebe 지역의 아파트에 함께 거주했다.

김민건은 도착하고 얼마 지나지 않아 현지 신문인 〈시드니 모닝 헤럴드Sydney Morning Herald〉에 한 전기 회사가 낸 구인 광고를 보고 직접 연락해 찾아갔다. 거기서 몇 가지 기술력 테스트를 받은 그는 바로 다음 날부터 출근하기 시작했다. 그의 관광 비자로는 취업이 불가능했지만, 기술 인력이 부족했던 회사는 이들의 실력을 인정해 일자리를 제공했다. 6개월 후, 김민건은 회사로부터 지원을 해줄 테니 영주권을 신청하라는 제안을 받았다. 아직 백호주의가 철폐되기 전이라 불안을 느낀 김민건의 동료들은 상대적으로 영주권 취득이 쉬운 캐나다로 떠났지만, 김민건은 호주에 남았다. 그는 뛰어난 전기 기술을 인정받아 영주권을 얻었고, 얼마 후 한국에 있는 가족을 호주로 불러

4 《호주한인50년사》, 양명득, 49쪽, 진흥출판사(2008).

들였다. 김민건은 파월 기술자로서 최초로 영주권을 받은 사례다.

호주가 백호주의를 철폐하면서 이민 문호를 개방한 데 반해, 한국은 참전 군인과 기술자 들에 대해 경유지 변경 금지 조치를 내렸다. 원래 계획했던 관광 비자의 경유지에 호주가 없을 경우, 호주 입국이 불가능하다는 식의 정부 지침이었다. 정부는 호주가 북한과 외교 관계를 맺은 상태인데다가 호주에 북한 대사관이 있어 납치 및 월북 위험을 주장했다. 또한 해외여행으로 인한 외화 낭비를 방지하기 위함이라고도 했다.[5] 국가가 개인의 자유를 지나치게 간섭한 인권 침해 정책이었지만, 군사 독재 시절의 한국에서는 그렇게 놀라운 일을 아니었다. 하지만 영사관에 경유지 변경을 신청해 동의서를 받은 일부 파병 군인과 기술자 들은 관광 비자로 호주에 입국해 3개월에서 1년까지 거주할 수 있었다.

베트남과 캄보디아의 미군사고문단에서 근무하던 김동삼도 경유지 변경 지침의 영향을 받았으나, 영사관에 호주 방문 이유서를 제출하고 동의를 받는 데 성공했다.[6] 그는 1973년 당시 캄보디아 미군

5 《호주한인50년사》, 양명득, 50쪽, 진흥출판사(2008).

6 《호주한인50년사》, 양명득, 50~51쪽, 진흥출판사(2008).

관구사령부에서 미 군수 물자를 캄보디아군으로 인계하는 작업을 총괄하고 있었다. 이때 우연히 호주 다윈에서 온 소고기 수출업자를 만나 호주 내 사정을 들었다. 심지어 다윈과 인도네시아를 오가며 일하는 동양인이 있다는 사실이 김동삼을 자극했다. 호기심과 모험심이 발동한 그는 1973년 6월 초에 관광 비자로 호주에 입국했고, 한 달 후에 제약 회사에 취직했다. 지금은 관광 비자로 절대 일을 할 수 없지만 이 시기에는 가능했다.

김동삼은 관광 비자로 호주에 입국해 취업할 수 있다는 소식을 베트남에서 알고 지내던 동료인 이중광에게 전했는데, 이 소식은 베트남에 있는 한인들 사이에 급속도로 전파됐다. 이중광은 한 달 후인 1973년 7월, 시드니에 도착해 김동삼과 합류했다. 김동삼의 편지는 참전 군인과 기술자 들이 호주로 입국하는 기폭제가 됐다. 1976년 9월에는 무려 486명의 한인이 영주권을 취득했다.[7] 한인들이 급격히 호주에 몰려들면서 이때 이민국에는 '한국과Korea Section'가 설치되기도 했다.

7 《호주한인50년사》, 양명득, 61쪽, 진흥출판사(2008).

생존 욕구에서 시작된 청년 이주

이민을 선택한 사람은 세대를 거치며 그 환경에 가장 적합한 조건에 자신을 맞추면서 진화해간다. 앞서 나온 션도 자신의 안전과 다음 세대의 안녕을 위해 새로운 곳에서 삶을 꾸렸다. 이는 자신의 생명과 재산, 가족을 국가와 타인으로부터 보호하겠다는 매우 본능적이고 원초적인 욕구에서 비롯된다. 베트남 전쟁처럼 전시 상황에서 겪은 생명의 위협과는 다르지만, 당시 한국의 군사 독재와 경제적 어려움으로부터 탈출할 수 있는 기회, 좀 더 나은 삶을 위한 이동의 권리, 가족을 이루고 함께 살 권리를 추구한 것이다. 이는 인권 개념과도 깊이 연관되어 있다.

국민은 국가가 자신의 안전과 안녕을 완전히 보장해주지 않는다고 판단하면 해외 이주나 국적 변경을 고려할 수 있다. 물론 생각한다고 모두가 실행에 옮기거나 그럴 만한 환경을 갖춘 것도 아니다. 하지만 건강하고 자원이 있고 의지가 투철한 청년은 직접 정보를 알아보기도 하고 주변의 도움을 받아 이주를 실행에 옮긴다. 그리고 이주 후에는 좀 더 나은 환경을 구축해 가족을 이루고, 나아가 다른 가족을 불러들여 관계망을 넓힌다. 조류와 어류가 종족 번식에 유리한 환경으로 이주하듯이, 인간 역시 본인과 다음 세대를 위한 안전한 장소로 끊임없이 이동하면서 진화한다.

이민자가 한곳에 정착해 성공했을 때, 선 이민자를 좇아 후 이민자들이 같은 지역으로 옮겨와 정착하기도 하는데, 이 현상을 '사슬 이민'이라고 한다. 정착지는 동일 국가 내의 새로운 지역이 될 수도 있고, 타국이 될 수도 있다. 사슬 이민의 규모는 다양한데, 작은 도시나 혹은 국가가 되기도 한다. 일반적으로 가족과 친인척 내에서 발생하지만, 이민자 수가 많아지면 정착국 내에 특정 국가 출신을 중심으로 한 이민 사회가 형성된다.

사슬 이민은 총 세 가지 형태로 나타난다. 먼저 가족 중 한 사람이 성공적으로 정착한 뒤, 나머지 가족을 부르는 형식(가족 중심 사슬 이민)이 가장 일반적이다. 두 번째는 동일 국가나 동일 지역에서 온 이민자가 같은 지역에 정착해 집단 거주하는 형식(동일 지역 사슬 이민)이 있다. 마지막으로 동일 지역에서 집단으로 거주하는 이민자가 대규모로 확대되어 한 마을 혹은 도시 전체가 동일 민족으로 이뤄져 이민 사회를 형성하는 경우(동일 민족 사슬 이민)다.

베트남 전쟁이 끝나고 1970년대 중반부터 1980년대 초반까지 약 500여 명의 한인 청년이 베트남에서 호주로 집단 이주를 했다. 호주 정부에서 불법 체류자 사면령이 시행된 이후, 기존의 단기 이주 노동자 신분이었던 이들이 취업과 함께 영주권을 획득하고, 차례로 가족들을 불러 가족 모두 영주권을 취득해 같은 지역에서 살아가는 가족 중심 사슬 이민의 형태를 이뤘다.

이들 중 일부는 사면령이 내려지기 전에 최종 정착지가 미국인 것처럼 서류를 꾸미고 관광 비자로 호주에 입국해 불법 체류하며 일하기도 했다. 일례로 앞서 서술했듯 시드니 레드펀 지역의 2층짜리 주택에서 20~30명의 한국인 남성이 불법 체류하며 일용직으로 살았다는 기록도 있다.[8] 이들은 다른 한인의 사업체에서 청소나 건축 일에 동원됐다. 고용주가 세금을 덜 내기 위함도 있었지만, 당시 이들은 불법 체류자 신세였기 때문에 임금을 현금으로만 받았다. 그렇게 1~2년을 지내다가 호주 정부의 사면령이 내려지면서 영주권을 취득하게 됐다. 이를 계기로 호주에 입국하는 한인의 수가 해마다 수백에서 수천 명까지 급증했다. 1971년, 전후 50여 명에 불과했던 재호한인은 500명 가까이 늘어났다.

1976년, 베트남 전쟁 이후에는 지질학자, 헬리콥터 조종사, 교사 등 전문 기술자 들의 이민도 늘어났다. 당시 호주 위틀람 정부는 비자 간소화 정책으로 건설이나 청소업 등 단순 노동 분야뿐만 아니라 전문 기술자의 이민을 장려했다. 〈대한민국 출신 호주 인구조사 연혁〉을 보면 1971년 468명에 불과했던 한인의 수가 5년 후인 1976년에는 두 배가 넘는 1,198명, 그리고 10년 후인 1981년에는 열 배가 넘는 4,104명으로 급증한 것을 알 수 있다.

8 《호주한인50년사》, 양명득, 49쪽, 진흥출판사(2008).

호주 이민과 영주권 취득에 대한 소문의 영향으로 청년들이 꼬리에 꼬리를 물고 이주하는 사슬 이민은 1970년대 한인 호주 이민의 대표적 현상이었다. 이 시기는 백호주의 철폐와 불법 체류자 사면령이라는 강력한 유입 요인과 한국의 군사 독재로 인한 개인안보 불안이라는 배출 요인이 잘 맞물리기도 했다. 미국이나 유럽보다 영주권 취득이 상대적으로 수월하다는 정보를 접한 한국 청년들이 호주로 몰린 것이다.

1970년대 말에서 1980년대 초에 이뤄진 한인 청년 이민에는 한 가지 더 주목할 점이 있다. 바로 베트남 전쟁 종전으로 인해 베트남뿐만 아니라, 남미, 중동, 유럽 등 전 세계에 파견되어 있던 한인 노동자, 기술자, 가족 들이 호주로 2차 이주를 한 것이다. 당시 대한민국은 수출을 비롯해 해외로 노동 및 기술 인력을 파견해 급속한 경제 성장을 이루며 외화를 벌어들이고 있었다. 본격적인 인력 수출은 1960년대에 시작됐는데, 1970년대까지 서독으로 파견된 광부는 8천여 명, 간호사와 간호조무사는 11,000여 명으로 이들이 벌어들인 외화는 연간 약 5천만 달러로 당시 국내총생산GDP의 무려 2퍼센트에 달하는 것으로 추정된다.[9] 하지만 10·26 쿠테타로 인해 정권이 전두환에게 넘어가면서 매우 불안정하고 개인의 자유가 엄격히 제한된 상황이었다.

2차 이주secondary migration 혹은 중복 이주onward migration는 이민 연구에서 자주 등장하는 용어와 개념으로, 한 번 이주했던 사람이 현재 거주하는 지역보다 상대적으로 조건이 더 유리한 지역으로 재이주를 한다는 의미다. 난민 연구에 주로 등장하는 개념[10]이지만, 이 장에서는 이주민이 이미 정착한 지역에서 다른 곳으로 이주한다는 뜻으로 사용했다. 이 현상은 이주민과 비이주민(이주 경험이 없는 자)의 차이라고도 볼 수 있는데, 익숙한 지역을 떠나 새로운 곳에서 다시 시작하는 것이 두렵고 부담스러울 수 있지만, 한 번이라도 이민을 경험한 이주자는 자신감을 가지고 또 다른 지역으로 이민을 시도한다는 경험적 관찰의 결과다. 해외여행과 달리 교육을 위한 유학이나 단기 기술 이민, 유년기나 청소년기에 가족 이민을 1차적으로 경험해봤다면, 그 경험을 기반으로 2차, 3차 이주가 비교적 수월하게 결정되고 이뤄진다.

9 국가기록원, 기록으로 만나는 대한민국, 해외인력파견(https://theme.archives.go.kr/next/koreaOfRecord/manpower.do).

10 Eleanor Ott, "Get up and go: refugee resettlement and secondary migration in the USA", NEW ISSUES IN REFUGEE RESEARCH at https://www.unhcr.org/us/sites/en-us/files/legacy-pdf/4e5f9a079.pdf.

남미에서 호주로 2차 이주

1976년, 1차 사면령 전후로 참전 군인과 기술자 들이 호주로 대거 몰려왔다면, 1980년 2차 사면령 후에는 남미와 중동 지역에 거주하던 한인들이 영주권 취득을 위해 호주로 몰려들기 시작했다.

파라과이에 거주하던 한인 중 멜버른으로 2차 이주한 제시의 형제자매가 여기에 해당한다. 제시는 열두 살 때 가족과 함께 파라과이로 이민을 갔다. 1980년대 초, 파라과이의 경제가 좋지 않자 가족 중 일부는 한국으로 돌아갔고, 또 다른 일부 가족들은 미국 등 다른 국가로 2차 이민을 고려하고 있었다. 파라과이에서 중고등학교를 졸업한 제시는 대학 진학을 위해 스무 살 때 한국으로 돌아왔다. 수도권 내 대학에 입학해 현재의 남편을 만나 결혼하고 자녀를 낳았다. 그는 그렇게 가정을 꾸리고 대학교에서 시간 강사로 일하며 살고 있었다. 한편 제시의 언니는 파라과이에서 호주로 이주를 결심했다. 그는 호주가 미국보다 영주권 취득이 수월하다는 이야기에 호주로 이주해 영주권과 시민권을 취득했다.

한국에 정착해 살던 제시는 1991년 김영삼 정부가 세계화를 추진하면서 실시한 세계 여행 자유화로 호주를 방문할 수 있었다. 한국과 달리 저녁 5시 이후에 모든 상점이 문을 닫고 거리에 사람이 없어 너무나도 한적한 멜버른은 '시골'스러웠다. 첫 방문 이후로 제시는 매년 관광 비자를 신청해 두 자녀와 함께 3개월씩 호주에 머물렀다. 제시는 언니네서 생활하며 아이들을 학교에 보내 영어 교육을 시켰다. 관광 비자로 호주를 방문한 성인의 취학 연령 자녀는 호주의 국립학교에 등록해 학교에 다닐 수 있다. 이모, 고모, 삼촌 등 직계 가족이 자녀를 보살필 조건이 될 때에도 방문 자격으로 학교에 다니는 게 가능하다. 제시는 이를 이용해 1년에 최대 3개월씩 호주에 머물며 아이들에게 영어 교육을 시켰다. 제시 같은 2차 이주자는 주어진 환경에 따라 거주지를 옮기는 것이 비이주자보다 쉽게 이뤄진다. 제시는 호주 영주권과 시민권을 가진 언니가 있었기 때문에 재이주를 결정할 수 있었다. 앞서 설명한 가족 사슬 이민의 대표적인 경우다.

한국과 호주를 오가던 제시가 이민을 결심하게 되는데, 가장 큰 이유는 바로 자녀 교육 때문이었다. 첫째 아이는 한국에서 초등학교를 다니고 있었는데 시험 문제에 "그림을 거는 데 가장 적합한 장소는?"이라는 질문이 있었다. 아이는 "내가 걸고 싶은 데"라고 적었는데, 문제의 답은 '거실'이라며 오답 처리가 됐다. 또한 시험에는 학교에서 가르치지 않은 것들이 문제로 출제됐다. 높은 성적을 받기 위해서는 선행 학습을 해야 하는데 제시에게는 그럴 만한 여력이 없었다. 청소년기를 파라과이에서 보낸 제시는 한국의 주입식 교육이 마음에 들지 않았고, 자녀들에게 영어권 국가의 교육을 시키고 싶어 했다. 또

아이들이 한국어와 영어를 모두 완벽히 구사하길 바랐기 때문에 자녀들이 초등학교를 졸업하면 이민을 가기로 계획했다.

제시가 영주권을 신청한 또 하나의 이유는 아이들의 학교 등록금 때문이었다. 영주권이 있으면 현지인으로 분류되어 등록금이 유학생에 비해 5분의 1가량으로 훨씬 저렴해진다. 실제로 제시가 거주했던 빅토리아주의 멜버른대학교 바이오의과대학의 경우, 유학생의 한 해 등록금은 50,596~57,584호주달러(2025년 기준 한화로 약 5,300만원)[11]지만, 현지 학생은 13,241호주달러(2025년 기준 한화로 약 1,200만원)[12]에 불과하다(2025년 기준). 그렇게 제시는 자녀의 영어 교육과 등록금 부담을 줄이기 위해 '시골스러'운 호주에 영주권을 신청하게 된다.

제시는 파라과이에서 살 때 익힌 스페인어로 호주의 한 대학에서 시간 강사로 일했다. 제시는 호주에 정착했고 그의 남편은 한국에 남아 생활했다. 이들은 두 자녀가 모두 성장해 결혼을 한 지금까지도 한국과 호주를 오가며 왕복 이민 생활을 하고 있다. 처음 제시가 자녀 교육을 위해 이민을 계획했을 때, 남편의 반대에 부딪혔는데, 남편의 동의를 구하는 것이 이민을 준비하면서 가장 힘든 일이었다고 고백

11 Indicative course fees for 2025, University of Melbourne at https://study.unimelb.edu.au/how-to-apply/undergraduate-study/international-applications/fees-and-payments/indicative-course-fees.

12 2025 Student contribution amounts, University of Melbourne at https://study.unimelb.edu.au/how-to-apply/fees/student-contribution-amounts.

했다. 제시가 이민을 결정한 데에는 또 한 가지 이유가 있었는데 바로 시부모를 모시지 않아도 된다는 점이었다.

제시는 호주에 살면서 점차 좋은 점을 알아갔다. 한번은 아이가 아파서 한 달 동안 입원한 적이 있었다. 중간에 담당 간호사가 바뀌어서 조금 불편하긴 했지만, 바뀐 간호사가 퇴원 수속 및 간병까지 해줬다. 호주는 퇴원과 동시에 병원비를 바로 지불하지 않아도 된다. 나중에 집으로 청구서가 날아오면 전액 혹은 분할 지불이 가능한데, 제시는 그 제도가 좋았다고 한다. 이런 편리한 의료 시스템도 영구 정착에 한몫했다.

제시는 인종차별을 한 번도 느끼지 못했으며 직장 생활도 '200퍼센트' 만족했다. 그러나 호주에 살면서 가장 큰 문제점은 역시 영어라고 했다. 그가 호주에 왔을 때가 40대 초반이고 지금까지 20년 가까이 호주에 살고 있지만, 아직도 영어 실력이 부족하다고 말했다. 일을 할 정도는 되지만, 한국어나 스페인어처럼 유창하지는 않다고 했다. 나는 호주의 인종차별을 연구하며 영어가 능통하지 않은 이주민은 인종차별을 당해도 언어와 행동의 미묘한 차이를 잘 알아차리지 못하는 경우가 많다는 점을 발견했다.[13] 영어 실력이 유창하면 미세하게 드러나는 인종차별을 알아차려 주변에 이를 알리기도 하는데, 재

13 Sylvia Ang, Jay Song, & Qiuping Pan, "Pandemic racism and sexism in Australia: Responses and reflections among Asian women", *Current Sociology*. DOI: 10.1177/00113921231159432.

호한인 중에서 오히려 이들을 예민한 사람 취급하며 부정적으로 판단하는 경우도 더러 있다. 제시도 영어가 유창하지 않아 인종차별을 알아차리지 못했거나 아니면 알았더라도 일부러 무시하고 넘기며 타협한 것으로 보인다. 또한 제시의 활동 범위는 대학과 교회에 한정되어 있었기 때문에 인종차별을 드러내는 다양한 계층의 사람을 만날 기회가 상대적으로 없었을 것이다.

제시와 제시의 언니, 그리고 그의 남동생 가족은 비교적 성공적인 호주 정착 사례임과 동시에 전형적인 가족 사슬 이민의 형태를 띤다. 가족 사슬 이민의 장점은 가족의 도움으로 초기 정착이 유리하다는 점이다. 하지만 지역 사회와의 교류가 극히 제한된다는 단점이 있다. 제시의 주변 관계는 언니네와 연결된 재호한인 한글 학교와 교회 등으로 한정되어 있고, 호주 내 다양한 소수 민족이나 교회 외의 다른 현지 지역 공동체와는 단절되어 있다. 이 때문에 호주에 20년가량 거주하며 직장을 다님에도 불구하고, 소수 민족 여성의 60퍼센트[14]가 겪었다는 직장 내 인종차별을 느끼지 못한 것이다.

14 Women of Colour Australia, Workplace Survey Report 2021 at https://womenofcolour.org.au/workplace-survey-report-2021/.

사슬 이민의 어두운 모습

1970~1980년대부터 시작된 동일 지역 및 가족 중심 사슬 이민은 1990년대와 2000년대를 거쳐 현재까지 지속되고 있다. 초기에는 가족 중심으로 이뤄지던 사슬 이민은 이제 이민 대행사나 인터넷의 발달로 상업화됐다. 이미 시드니는 스트라트필드Strathfield를 중심으로 코리아타운이 형성됐고, 시드니 이스트우드Eastwood와 멜버른 시내 중심에 위치한 힐리스레인Healeys Lane에도 코리아타운이 생겼다. LA나 뉴욕의 코리아타운과 같이, 호주의 코리아타운에도 한인 상점이 즐비하다. 영어가 서툰 이민자들은 코리아타운에 가면 소통의 문제없이 원하는 것을 얻을 수 있다. 한인 교회도 영어가 서툰 이민자들에게 중요한 사회적 교류의 장소가 된다.

초창기에 사슬 이민을 통해 호주로 온 한인 청년들은 모두 60세 이상의 고령자로 이민 1세대가 됐다. 이들은 코리아타운과 지역 내 한인회, 한인 노인회, 민주평통자문위원회 등을 중심으로 한인 사회 내에서 활동하며 위안을 찾고 있다. 시드니한인회, 멜버른한인회, 호주민주평통위원회의 원로들은 대부분 청소업과 요식업을 해오던 단순 노동직이나 기술직 재호한인 노년층이다. 이들은 2000년대 이후 새로 정착한 전문직 한인 이민자나 1.5세대 내지 2세대 한인 청년 이민자와 쉽게 조화를 이루지 못하고 고립되는 경우가 종종 관찰된다.

이들은 군사 독재 시절에 한국을 떠났지만, 그 시절 행해졌던 비민주적이고 권위적이며 부패한 경영 방식을 고스란히 기억하고 답습한다. 그에 비해, 2000년대 이후 새로 이주한 전문직 한인 이주자나 2세대 이민자, 워홀을 온 한인 청년 세대는 민주화와 세계화를 경험했기 때문에 구태의연하고 불법적인 사업 방식을 용납하지 않는다. 예를 들어, 간이 영수증으로 금전적 이익을 취하거나, 탈세를 위해 현금 거래만 하거나, 최저임금을 지불하지 않는 심각한 법적 문제부터, 술 강요, 과한 호구 조사, 외모 평가 등 문화적 문제까지 다양하다. 이런 문제로 이민 1세대들은 다음 세대 한인과 호주 주류 사회로부터 고립되고 외면당할 뿐만 아니라, 심지어 처벌 대상이 되기도 한다. 갈등으로 인한 노년층의 고립 문제는 호주 사회뿐만 아니라 한인 사회 내에서도 더욱 증가할 것으로 보인다.

이민을 도피로 이용한 형제복지원 원장

1970~1980년대에 사면령을 통해 불법 체류자 신분에서 벗어나 영주권을 취득하거나, 1980~1990년대에 사업 이민으로 일정 금액 이상의 현금으로 비교적 쉽게 영주권을 받은 이민자 중 신원 검증이 제대로 되지 않아 한인 사회에 심각한 피해를 입힌 사람이 있다.

1980년대 초반에는 호주로의 이민에 탄력이 붙어 특별한 계기가 없어도 매년 600~700명씩 영주권을 취득했다. 재호한인 사회의 규모가 커지면서 취업 기회가 확대됐고, 결혼 등 여러 가지 방법으로 가족이 이민을 오는 일이 계속 이어졌다. 그러던 중, 1990년대 초반에 인권 유린과 폭력을 뛰어넘는 범죄를 저지른 부산의 형제복지원 박인근 원장과 그 가족이 호주로 이민을 왔다.

형제복지원 사건은 한국의 진실·화해를위한과거사정리위원회(진화위)가 사건 발생 35년 만에 국가 책임을 인정한 인권 유린 사건이다. 박인근은 1975년부터 1987년까지 아이들과 노숙자 등 3천여 명을 형제복지원에 감금한 뒤 강제 노역을 시킨 혐의로 기소됐다. 조사 결과, 형제복지원에서 강제 노역과 구타 등으로 숨진 피해자는 총 657명에 달했다.[15] 하지만 대법원은 그에게 무죄를 선고했고, 그 후 박인근 일가는 도망치듯 호주로 이민을 했다. 박인근은 그의 처남인 임영순과 함께 호주에서 교회를 운영했다. 1995년에는 190만 호주달러를 들여 시드니 서부에 위치한 밀페라Milperra에 있는 골프 연습장과 스포츠 시설을 구입했는데, 2022년 기준 한화로 약 140억 원 규모라고 호주 일간지에 보도됐다.[16] 박인근은 2016년 6월에 사망했으나, 그의 막내딸 박제희와 사위 알렉스민이 그의 재산을 물려받아 2021년 당시까지 소유했다. 그리고 임영순은 시드니의 에핑장로한인

15 진실·화해를위한과거사정리위원회, 형제복지원 인권침해사건 진실 규명(https://www.jinsil.go.kr/fnt/nac/selectNoticeDetail.do?bbsId=BBSMSTR_000000000710&nttId=314745).

16 The Australian, "Squid Game 'played for real' in South Korea", 10 December 2021, https://www.theaustralian.com.au/world/squid-game-played-for-real-in-south-korea/news-story/3b0939161226c48ea5ebe6ceed4a6238.

교회에서 목사로 활동한다고 알자지라 방송은 전했다.[17]

영주권을 빌미로 한인 청년들을 착취한 사업가

1989년, 29세라는 비교적 늦은 나이에 호주에 도착해 사업에 크게 성공한 듯했던 한인 여성 사업가 신이정. 그는 한인 이민자 내에서 세대와 계층 간 불화를 야기했고, 사상 최대의 벌금을 내며 파산했다.

신이정은 호주 도착 후 건설업을 하던 한인과 결혼해 살면서 여러 가지 사업을 해왔다. 체인 초밥집인 스시베이를 비롯한 음식점, 부동산 투자, 건설, 인테리어, 양식업, 인쇄소에 이어 현지 한글 신문인 호주 동아일보도 인수했다. 운영하던 사업 전체 매출은 2016년 기준 7천만 호주달러(2025년 기준 한화로 약 646억 원)에 이른다. 문제는 그녀가 운영하던 스시베이에서 터졌다.

그는 백 명의 한인 청년을 인턴과 워홀 형태로 고용했는데, 고용주가 보장해주면 영주권 취득이 쉽다는 점을 이용해 수많은 한인 청년을 착취했다. 급여는 최저임금 이하로 현금으로만 지급했고 영주권을 대가로 돈을 받아내는 등 비윤리적인 방법으로 재산을 축적했다. 게다가 이를 은폐하기 위해 기록까지 위조했다. 호주 공정근로 옴부즈맨Fair Work Ombudsman은 신이정에게 이주 노동자 착취 혐의로

17 Al Jazeera, "South Korea's House of Horror", at https://www.youtube.com/watch?v=I_p4xNEZPJw.

1,530만 호주달러라는 엄청나게 무거운 벌금을 선고했다.

피해자 대부분은 25세 미만의 한인 청년들이었다. 특히, 단기 기술 비자인 457비자를 받은 20명의 직원에게는 2주마다 임금을 지급해준 후 사업주의 비자 신청 비용을 명목으로 다시 되돌려달라는 불법적인 일을 요구하기도 했다. 신이정은 2019년에 고용법 위반으로 법원의 경고를 받았음에도, 계속 이 같은 행태를 벌였다. 결국 호주 법원은 최고 벌금의 열 배에 달하는 금액을 스시베이와 신이정 개인에게 함께 부과했다. 스시베이는 즉시 파산 신청을 했고 그는 어디론가 사라졌다.

1970~1980년대에 이민한 이민 1세대는 지금보다 쉽게 영주권을 얻을 수 있었다. 불법 체류자들은 사면령으로 인해 영주권자가 됐고, 그 이후로는 단순 기술, 전문 기술 이민자가 해마다 수백수천 명씩 몰려와 영주권을 얻었다. 호주에 건설 붐이 일면서 취직도 수월했으며 집값도 낮았다. 현재 60세가 넘은 이민 1세대는 지금에 비하면 쉽게 부를 축적할 수 있었다.

지금은 전 세계적인 경제 위기를 맞이했으며, 특히 한국은 인생에서 여러 가지를 포기한다는 n포 세대가 등장한 지 오래다. 개인의 더 나은 삶을 위해 해외 이주를 하고자 해도 비용이라는 걸림돌 때문에 쉽게 결정할 수가 없다. 대안으로 워홀을 택하는 청년이 많지만 신이정 같은 이민 1세대에게 착취당할 가능성이 있다. 청년의 사기를 북돋고 경제적인 어려움을 조금이나마 덜어줘야 하는 중년과 노년

세대가 본인의 부를 축적하기 위해 청년들을 이용하는 것은 이민사의 어두움이며, 매우 부적절하고 불법적인 행위로 처벌받아 마땅하다.

5장

조기 유학이
만드는 갈림길

1980년대생 혜린은 고등학생 때 필리핀으로 조기 유학을 갔다가 호주에 있는 대학으로 진학했고, 졸업 후에는 호주에 위치한 한국의 공공기관에 취직했다. 그 후 박사 과정을 통해 호주의 한 대학교에 취직했다.

로제는 1980년대생으로 한국에서 태어나 10대 시절 뉴질랜드로 온 가족이 이민을 갔다. 호주에서 대학을 졸업하고 직장 생활을 하다가 다시 한국으로 돌아와 취직했다.

한국에서 호주로 향한
혜린

1990년대에 호주로 이동한 한인 이민의 특징은 이주 인구의 급증과 다양화라고 할 수 있다. 대한민국은 1987년에 민주화를 이뤘고 1988년에 헌법을 개정하면서 본격적인 민주주의 체제에 들어섰다. 김영삼 정부가 세계화를 추진하면서 실시한 세계 여행 자유화로 인해 해외여행과 어학연수 붐이 일었다. 이 시기부터 대학 재학 중 1년 정도 휴학하고 유럽으로 배낭여행 혹은 영어권 국가로 어학연수를 가는 대학생들이 생겨나기 시작했다. 나 역시 1996년 영국 어학연수와 더불어 유럽으로 배낭여행을 가기 위해 과외를 일곱 개씩 하면서 돈을 모은 경험이 있다. 그때의 경험은 유학과 이민을 결정하는 데 큰 영향을 미쳤다.

호주 외에도 영어권 국가인 필리핀으로 어학연수 혹은 조기 유학을 택하는 사람도 많았다. 혜린이 여기에 속한다. 혜린은 중학생일 때 필리핀으로 한두 번 놀러간 적이 있는데, 그때 경험이 좋아서 필리핀에 있는 고등학교로 유학을 가기로 정하고 그곳에 있는 영국 학교를 다녔다. 그는 고등학교 졸업 후 호주로 유학을 희망했지만 그의 부모는 미국 유학을 권하며 호주 유학을 반대했다. 혜린은 호주가 아시아와 가깝기도 하고 돈을 벌면서 대학을 다닐 수 있으며 영연방 국가이기 때문에 대학 졸업 후 영국에서 석사 과정을 지내기 수월할 것이라고 생각했다.

호주와 영국의 대학은 3년제다. 하지만 성적이 되고 본인도 원하는 경우에는 4학년으로 진학하는 어너스Honor's를 택하거나 석·박사 과정으로 곧바로 올라갈 수 있다. 대부분의 학생은 3학년을 마치고 직장을 구하지만, 학업을 이어가고자 하는 학생은 어너스로 올라가서 대학 4년을 마친다. 이 때문에 호주에서는 고학력자가 고수입자라는 통계나 편견이 없다. 오히려 고등학교 졸업 후 기술 학교를 나온 배관공이나 전기공의 수입이 초임 대학 교수의 수입보다 높고, 대학 행정 관리직의 연봉이 정교수의 연봉을 초과하는 경우도 허다하다.

혜린에게는 대학 졸업 후 호주에 정착하거나 한국에 귀국하는 두 가지 선택지가 주어졌다. 보통 20~40세 때 결혼, 가족, 육아, 직장에 따라 거주지가 결정된다. 혜린과 같은 선택지를 두고 고민하던 대한민국 국민이면서 호주 영주권을 소지한 30대 여성은 호주인과 결혼해 출산과 동시에 호주에 영구 정착을 결정했다. 또 다른 30대 남성은 한국 여성과 결혼해 한국으로 귀국했다. 이렇게 배우자의 국적과 인종에 따라 2차 이주 혹은 영구 정착으로 선택이 달라진다.

독신이었던 혜린은 배우자의 영향을 받지 않았고, 오로지 본인의 미래를 위해 호주 정착을 선택했다. 혜린은 호주에서 석사 과정을 이어가기로 했는데, 그의 지도 교수는 미국행을 권했다. 하지만 혜린은 호주를 택했다. 석사 과정 중에 호주 내 대한민국 정부 기관의 현지 직원으로 채용되어, 비자를 학생 비자에서 외교 비자로 변경했다. 호주는 국제 유학생들에게 학력에 따라 졸업 후 1년 6개월에서 4년까지 호주에 남아 취업할 수 있는 단기 졸업생 비자temporary graduate visa, subclass 485를 발급해준다.[1] 그러나 혜린은 호주 소재 대한민국 정부의 현지 직원으로 채용됐기 때문에 단기 졸업생 비자 없이 호주에 거주하며 일할 수 있었다.

혜린은 직장을 그만두고 20대 후반에 호주의 대학에서 박사 과정을 시작했다. 박사 학위를 취득한 후에는 다시 취업했다. 장기 계획을 세우고 시작한 조기 유학과 직장 생활 경력으로 인해, 한국에서 호주로 곧바로 이주한 한인 청년보다 비교적 수월하게 호주 고등 교육 기관에 자리 잡았다. 혜린은 박사 학위까지 취득했기 때문에 한국이나 제3국의 교육 연구직에 지원할 기회도 있었지만 호주에 남았다. 그는 호주의 자연, 노동, 복지, 직장 문화 등의 환경적인 요소를 이유로 꼽

1 Australian Department of Home Affairs, Post-Higher Education Work stream, https://immi.homeaffairs.gov.au/visas/getting-a-visa/visa-listing/temporary-graduate-485/post-higher-education-work.

왔다.

호주는 드넓은 해변과 높은 파도, 파란 하늘과 새소리가 가득하고 사람의 발길이 닿지 않은 등산로를 갖춘 천혜의 자연 환경으로 잘 알려져 있다. 한국은 사계절이 뚜렷해 계절마다 느낄 수 있는 날씨가 각양각색인데, 주마다 조금씩 다르긴 해도 호주의 여름은 한국에 비해 덥거나 습하지 않고, 겨울 또한 그렇게 춥지 않다. 호주인 중에는 태어나서 한 번도 영하로 떨어진 추위를 겪거나 눈을 보지 못한 사람이 많다. 한국에서 한겨울을 보낸 20대 중반의 호주 여성은 한국의 겨울은 견디기 힘들 만큼 춥다고 했다. 하지만 혜린이 말한 환경은 광활한 자연 환경이 아닌, 소리나 사람 간의 거리와 관련된 좀 더 넓은 의미의 사회적 환경, 즉 호주의 조용함이었다. 그는 한국에서도 지방에 살았기 때문에 멜버른의 조용함이 좋았다. 시드니는 너무 복잡하고 시끄러운 대도시였고, 브리즈번이나 캔버라는 너무 조용한 중소도시라서 그 중간인 멜버른을 선택한 후 대학을 정했다.

그가 멜버른에서 느낀 '조용함'은 인구 밀도 때문일 것이다. 한국의 인구 밀도는 호주에 비해 153배나 높다. 2023년 기준, 한국의 인구 밀도는 제곱킬로미터당 511명으로 OECD 국가 중 가장 높다. 국토교통부의 2024년 통계에 의하면 임야와 논, 밭, 하천 등을 제외한 실제 이용 면적은 전체 면적의 11.17퍼센트인 11,222제곱킬로미터에 불과하고, 이 계산에 따르면 실제 인구 밀도는 제곱킬로미터당 4,573.63명가량에 해당한다. 한국의 면적당 인구는 방글라데시와 대

만에 이어 전 세계에서 3위를 차지한다. 특히, 도심 지역은 인구 밀도가 매우 높아 대부분 고층 아파트에 거주한다. 반면, 호주는 전체 토지 면적의 2.5퍼센트에 전체 인구의 75퍼센트가 거주하고, 인구 밀도는 제곱킬로미터당 3.35명에 불과하다. 시드니나 멜버른 시내 같은 중심지를 제외하면, 본인 소유 땅에 주택을 짓고 살거나 몇 가구들만 모여 있는 2~4층짜리 건물에 거주한다. 호주 시내 중심가의 고층 아파트는 방과 거실 중심의 실내 생활 공간으로 구성되어 있다. 이웃과의 교류도 제한적이고 자연스럽게 가족 중심의 생활 환경이 만들어진다. 다만 슈퍼마켓이나 쇼핑센터는 근거리에 위치해 편리한 점은 있다. 이에 비해 인구 밀도가 적은 호주의 주거 환경을 보게 되면, 정원, 산책, 쇼핑, 육아, 놀이 등의 일상생활이 비교적 여유롭고, 개인과 가족의 공간이 보장된다. 공간의 개념이 다른 것이다.

졸업 후 한국 정부 기관에서 첫 사회 생활을 시작한 혜린은 권위적이고 수직적인 직장 문화를 경험했다. 자신이 미혼이라는 이유로 어떤 업무든 언제나 투입돼야 한다는 느낌에 큰 스트레스를 받았다. 한번은 고위직 공무원들이 모이는 행사에 참석한 적이 있었는데, 혜린이 보기에 그들은 그리 행복해 보이지 않았다. 그래서 외교관이라는 직업에 욕심이 나지 않았다. 또한 2~3년마다 다른 나라로 이주해야 하는 생활이 부담스럽기도 했다. 그는 나중에 다시 한국 정부 기관에서 일할 기회가 생긴다면 여성가족부나 보건복지부에 가고 싶다고 했다.

근무 시간, 임금, 초과 수당 등 전체적인 근무 환경도 중요하지만, 젊은 여성으로서는 특히 차별받지 않고 실력에 맞는 균등한 기회가 주어지는 건강하고 안전한 환경이 필수적이다. 혜린은 호주 내 한국 정부 기관에 근무하면서 성차별 또한 경험했다.

하루는 혜린의 여자 상사에게 손님이 찾아왔다. 그는 혜린에게 커피 심부름을 부탁했는데, 마침 기관장에게도 손님이 온 상태라 혜린은 기관장의 심부름을 하고 있었다. 혜린은 마침 일손이 비는 남자 직원이 있으니 그 사람에게 대신 시킬 것을 건의했지만, 여자 상사는 이를 거절하고 본인이 직접 커피를 탔다. 그 상사는 여자는 직급과 관계없이 커피를 타야 한다는 사고방식을 행동으로 직접 보여준 셈이었다.

혜린은 박사 과정을 끝낸 후 호주 대학에 취직했다. 그는 호주의 직장 문화에 매우 잘 적응했으며 삶의 질도 향상됐다. 공무원과 교원이라는 직종 차이도 있지만, 확실히 호주 직장은 한국 직장에 비해 근무 시간이 짧고 탄력적이었다. 각자가 하는 일이 명확히 정해져 있고, 시간에 쫓기며 일 처리를 하지 않아도 됐다. 근무 시간 이외에는 상사가 연락을 하지 않는 등 개인의 영역을 최대한 보장하는 방향으로 직장 문화가 형성되어 있었다. 회식도 없고 대부분 5~6시에서 빠르면

4시에도 퇴근해 집에서 개인 시간을 보냈다. 1년을 근속하면 총 20일의 유급 휴가가 지급되고[2] 여기에 학교 방학과 개인 연차까지 합하면 1년에 3개월 정도를 쉬면서 보낼 수 있었다. 가족 중에 돌봄이 필요한 사람이 있다면 돌봄 휴가carers' leave를, 출산할 경우에는 남녀가 동일하게 출산 휴가parental leave를 사용하는 사람과 가족 중심의 직장 환경이 조성되어 있다. 휴가 기간에는 회사와 연락을 하지 않는 것이 보통이다. 혜린은 이 모든 근무 환경과 문화가 만족스러워 당분간은 호주에서 살 것이라고 했다.

호주에서 한국으로 향한 로제

1981년부터 시작된 투자 비자Investor Visa는 2024년 기준, 최소 2년간 호주에 거주하고 150만 호주달러(2025년 기준 한화로 약 13억 8,500만 원)를 투자 금액으로 유치해야 영주권이 주어진다.[3] 투자 비자는 1986년 이후로 속도가 붙기 시작했는데, 당시 총리였던 밥 호크Bob Hawke가 비자 요건을 간소화시켰기 때문이다. 이때까지 39세 미만

2 Fair Work Ombudsman, *Annual Leave*, https://www.fairwork.gov.au/leave/annual-leave.

3 Australian Department of Home Affairs, *Investor Visas Subclass 891*, https://immi.homeaffairs.gov.au/visas/getting-a-visa/visa-listing/investor-891#Overview.

은 35만 호주달러(1990년 1월 기준 환화로 약 1억 8,500만 원), 40~57세 사이는 50만 호주달러, 58세 이상은 85만 호주달러를 투자하면 즉시 영주권을 받을 수 있었다. 그러나 비자 요건 간소화로 인해 이민 인구가 급증하면서 호주 정부는 1990년 이후에 기존의 사업 이민 정책을 새롭게 개편했다. 투자 액수를 늘렸고 호주에서 2년간의 사업 결과 및 고용 성과에 따라 영주권을 부여했다.

이로 인해 호주보다 정착이 수월했던 인근 국가인 뉴질랜드에서 시민권을 획득한 후 호주로 재이주하는 2차 이주 형태가 늘어났다. 양국이 상대 국가의 시민에게 영주권을 부여할 수 있음을 협의한 정책으로 인해 2차 이주가 쉽게 이뤄졌기 때문이다. 로제의 사례가 여기에 속한다.

로제의 부모는 한국에서 사업을 했는데, 1990년대 말 IMF 당시 파산한 후 남은 자산을 들고 뉴질랜드로 이민을 갔다. 사업 비자로 온 가족이 뉴질랜드 영주권과 시민권을 획득할 무렵, 로제의 부모가 이혼하면서 모친과 함께 살았다. 성인이 된 후 유학을 결심하고 뉴질랜드 시민으로 호주로 이주해 자동으로 영주권을 획득했다. 뉴질랜드보다 호주가 직업이나 개인적인 면에서 성장의 기회가 더 많을 것이라고 판단했기 때문이다. 그는 대학 졸업 후 호주 정부 기관에 취직했다. 로제는 일을 하면서 호주 한인 사회 내에서도 차세대 지도자로 주목받았다. 그러던 중 코로나19 대유행과 직장 내에서 일련의 어려움을 겪으며, 호주 공공기관에서 일반 회사로 한 차례 이직했고 결국은 한국으로 직장을 옮기기로 결정했다.

로제와 혜린은 비슷한 나이의 독신 여성이라는 공통점이 있지만, 정반대의 선택을 했다는 점에서 주목할 만하다. 로제는 조기 유학이 아닌 가족의 사업으로 뉴질랜드로 이민해 중고등학교를 다녔고, 호주로 유학 차 2차 이민을 했다. 필리핀으로 조기 유학 후 호주로 유학을 가 2차 이민한 혜린의 경우와는 조금 다르다. 게다가 졸업 후 한국 정부 기관에서 일한 혜린과 달리 로제는 호주 정부 기관에서 일했다. 둘 다 10대 때 한국을 떠나긴 했지만, 혜린의 영어는 한국어 억양이 강했고 로제는 원어민 수준의 영어 실력에 발음이나 억양도 호주나 뉴질랜드에 가까웠다. 로제의 모친 또한 딸이 백인 문화에 동화되기를 바랐다.

수년간 호주 정부 기관에서 일한 로제는 소수 민족 여성의 한계를 절감했다. 유리천장뿐만 아니라 대나무천장(bamboo ceiling, 흔히 성차별은 볼 수는 있지만 뚫을 수 없는 유리천장에 비유하고, 인종차별은 유리보다 강하고 불투명한 대나무에 비유한다)을 몸소 느꼈다. 호주 정부 및 주요 기관의

암묵적 인종차별은 이미 여러 연구를 통해 발표된 바 있다. 2024년, 한 보고서에 따르면 소수 민족 여성의 68.4퍼센트가 인종차별을 경험했다고 말했다.[4] 이는 2021년에 조사된 59.6퍼센트에 비해 증가한 수치다. 다양성diversity and inclusion을 강조하는 호주 공공기관과 전 사회적 캠페인은 백인 여성과 성소수자를 중심으로 펼쳐지고, 있으며 인종차별 문제는 아직까지 해결되지 않고 있다. 로제는 소수 민족 여성으로서 승진을 비롯한 개인적 성공의 한계를 체감했다. 주류 사회에 속하기 위해서는 소수 민족의 얼굴마담이 되어 백인 위주의 다문화 정책에 동조해야 하는데, 그렇게 하지 않으면 비주류로 밀려나야 하는 소수 민족 여성의 한계를 느꼈다고 한다.

로제는 코로나19를 겪으면서 환경 문제에 본격적으로 관심을 갖기 시작했다. 지구온난화에 큰 영향을 미치는 화석 연료의 사용과 탄소 배출을 줄이고 이를 대체할 수 있는 연료를 제시해주는 컨설팅 회사로 이직했다. 그리고 이 회사의 한국 지부로 자리를 옮긴 후 얼마 지나지 않아 본인의 회사를 차렸다. 로제가 직장 생활을 위해 한국과 호주를 오가며 느낀 자연 환경에 대한 언급이 지금도 잊히지 않는다. 호주의 환경은 자신과 맞지 않았고 한국의 자연과 산의 기운이 좋다는 말이었다. 호주에 있으면 몸도 아프고 힘들었는데 한국에서는 아

4 Women of Colour Australia, *Workplace Report 2024*, https://womenofcolour.org.au/workplace-report-2024/.

프지 않다고 했다. 그의 주관적인 느낌인지 아니면 실제로 환경의 영향을 받은 건지는 더 연구해봐야겠지만, 내가 만났던 이민 1세대 여성 중 30대 후반에서 40대로 넘어갈수록 건강이 악화되거나 이상이 오는 사람들이 꽤 있었다.

수많은 연구 결과가 일상에서 마주하는 차별이 정신 건강에 미치는 영향을 증명해왔다. 2019년 말부터 시작된 코로나19 대유행 기간에 미국에 거주하는 히스패닉, 동양계 사람 들에게서 차별로 인한 스트레스, 우울, 불안, 자존감이 낮아지는 현상이 발견됐고, 심지어는 자살 충동으로까지 이어진다는 연구 결과가 있다.[5] 아프리카계 미국인을 대상으로 한 2014년의 연구에 의하면, 직장 내에서나 일상에서 일어나는 인종차별로 인한 정신 건강 문제를 방치하면 암을 유발하기도 한다는 것이 밝혀졌다.[6] 또한 미국의 흑인 여성들 사이에서 구조적인 인종차별과 삼중음성유방암 발생률 사이의 관계가 높다는

5 American Psychological Association, Impact of Discrimination, https://www.apa.org/news/press/releases/stress/2015/impact#:~:text=A%20wealth%20of%20psychological%20research,relationships%2C%20employment%20and%20overall%20health; Lee Y.H., Liu Z., Fatori D., Bauermeister JR., Luh R.A., Clark C.R., Bauermeister S., Brunoni A.R., Smoller J.W., "Association of Everyday Discrimination With Depressive Symptoms and Suicidal Ideation During the COVID-19 Pandemic in the All of Us Research Program", *JAMA Psychiatry* 79(9) (2021), pp.898-906. doi: 10.1001/jamapsychiatry.2022.1973; Yvonne Lei, Vivek Shah, Christopher Biely, Nicholas Jackson, Rebecca Dudovitz, Elizabeth Barnert, Emily Hotez, Alma Guerrero, Anthony L. Bui, Narayan Sastry, Adam Schickedanz, "Discrimination and Subsequent Mental Health, Substance Use, and Well-being in Young Adults", *Pediatrics* 148 (6) (2021). e2021051378. 10.1542/peds.2021-051378.

연구 결과도 있다.[7]

로제가 한국으로 귀국하자 그의 어머니와 오빠도 귀국했다. 로제는 다시 호주나 뉴질랜드를 방문하겠지만, 현재 한국 생활에 만족하고 있다. 한국에서는 멀리 가지 않고도 여러 편리한 서비스를 누릴 수 있다. 빠른 배달, 높은 시민의식, 기술 발달 등 삶의 수준이 호주보다 높다고 여긴다. 물론 호주와 비교했을 때 임금, 근로 시간, 휴가, 직장 문화에 있어 단점은 존재하지만, 이런 점이 회사를 운영하는 고용주의 입장에서는 훨씬 유리하다고 판단하기도 했다. 수직적인 직장 문화는 세대 교체로 인해 많이 변화하고 있으며, 직장 내 고위 임직원 역시 함께 변하고 있다. 한국도 이제는 회식이나 술을 강요하는 문화가 거의 다 사라지고 있고, 점심시간도 각자 원하는 방식으로 보낸다. 내가 한국을 떠난 20년 전과 매우 다르다.

6 Cuevas A.G., Reitzel L.R., Adams C.E., Cao Y., Nguyen N., Wetter D.W., Watkins K.L., Regan S.D., McNeill L.H., "Discrimination, affect, and cancer risk factors among African Americans", *American Journal of Health Behavior* 38(1) (2014), pp.31-41. doi: 10.5993/AJHB.38.1.4. PMID: 24034678; PMCID: PMC3775007.

7 Carlos R.C., Obeng-Gyasi S., Cole S.W., Zebrack B.J., Pisano E.D., Troester M.A., Timsina L., Wagner L.I., Steingrimsson J.A., Gareen I., Lee C.I., Adams A.S., Wilkins C.H., "Linking Structural Racism and Discrimination and Breast Cancer Outcomes: A Social Genomics Approach", *Journal of Clinical Oncology* 1;40 (13) (2022), pp.407-1413. doi: 10.1200/JCO.21.02004. Epub 2022 Feb 2. PMID: 35108027; PMCID: PMC9851699.

인구 밀도가 높아 출퇴근이나 주거 환경은 당연히 호주와 뉴질랜드보다 복잡하다. 하지만 취미나 관심 분야가 같은 사람들끼리 모이기 쉬워, 퇴근 후 다양한 여가와 친목 활동이 가능하다. 서울 내에서 혹은 서울 외곽인 경기도나 강원도 지역에서는 등산과 해상 스포츠를 즐길 수 있다. 로제는 아직 젊기도 하고, 전원 생활보다 도심 생활을 좋아하기 때문에 전혀 불편한 점이 없었다. 호주의 자연 환경이 그리울 땐 여행으로 기분을 풀면 되니, 환경과 여가에 있어서는 매우 만족스럽다고 했다.

하지만 도심 내 여가 생활에서 아쉬운 점은 역시 인구 과잉으로 불거지는 안전 문제다. 가장 최근에 있었던 비극적인 사고는 바로 2022년 10월 핼러윈 데이 때 이태원에서 발생한 사건이다. 수만 명의 인파가 몰렸지만 제대로 통제되지 못해 백 명이 넘는 청년이 목숨을 잃었다. 코로나19로 인한 모임 제한도 없어졌기에 과도한 인구 집중을 예상하고 대비했어야 했는데, 아무런 예방 조치를 취하지 않아 벌어진 인재였다.

로제는 호주에서 전문직 소수 민족 여성으로 사는 것보다 한국에서 호주 교포로 사는 것에 안정감을 느낀다고 했다. 이는 이민자이자 독신 여성에게 시사하는 바가 크다. 그는 실력이 아무리 뛰어나도 성별과 인종을 뛰어넘는 것이 불가능하다고 판단했다. 게다가 현지인보다 업무 능력이 뛰어나면 동료와 상사로부터 견제를 받고, 인사에서 불이익을 받는 경우가 많다고 했다. 이런 이중 차별 현상은 한인

여성뿐만 아니라 전문직에 종사하는 대부분의 유색 인종 여성이 공통적으로 토로하는 이야기다.[8]

최근까지 온·오프라인에서 활발하게 활동하던 이디오피아 난민 출신 변호사 냐돌 뉴온Nyadol Nyuon의 사례가 대표적이다. 호주에는 그처럼 유색 인종이자 난민 출신 혹은 이민자 출신으로, 공적이 활동이 두드러지는 몇몇의 전문직 여성들이 있다. 뉴온은 이들이 피부색으로 얼굴마담 역할만 할 뿐이지 기관 내에서 발생하는 조직적 차별에서는 해방되지 못했다고 주장한다.[9] 2023년, 호주국립대학교에서 발표한 연구 보고서는 영어를 완벽히 구사하고 호주에 오래 살았다고 해도, 공공 기관 내에서 근무하는 아시아인은 피부색과 인종 때문에 승진의 기회가 심각하게 제한된다고 밝혔다.[10] 호주 정부가 지난 20여 년간 적극적으로 여성 할당제를 실시한 결과 여성의 고위 공무원 승진 기회는 늘어났으나, 이는 백인 여성에 한정됐으며 동양계 호주인은 남녀를 불문하고 승진 시 차별을 경험하고 있었다.

8 Sylvia Ang, Jay Song, & Qiuping Pan, "Pandemic racism and sexism in Australia: Responses and reflections among Asian women", *Current Sociology*, 72(3) (2024), pp.463-481. https://doi.org/10.1177/00113921231159432.

9 Sally Brooks, "'Hold the line': Women of colour on the fight for gender equality, ABC, 23 Mar 2021 at https://www.abc.net.au/news/2021-03-23/women-of-colour-on-the-fight-for-gender-equality/100021506.

10 Robert V. Breunig, David Hansell and Nu Nu Win, *Modelling Australian Public Service Careers,IZA Discussion Paper No.16549*.

한국의 직장 문화에 한계를 느끼고 자신의 능력을 키워 호주에 취직 후 정착한 혜린과 호주 내 인종 및 성차별로 인해 한국으로 귀국을 선택한 로제의 사례는 대조적이다. 여기서 중요한 것은 누구의 선택이 옳고 그르냐의 판단이 아닌, 환경에 대한 개인의 판단이 이민에 미치는 영향이다. 2000년대 이후에는 한인 청년의 이민 경로가 다양해지면서, 호주로 이민하는 한인 청년의 경향을 대표한다고 할 만한 사례가 없다. 태어나면서 개인에게 주어진 가정환경, 역량, 이민 경로, 학교와 직장, 일생생활을 통한 경험, 친구나 배우자와의 관계, 자녀 유무, 환경에 대한 인식 등 모든 면이 복합적으로 작용하면서 이민이 결정되기 때문이다.

환경과 이주의 관계

환경과 이주의 관계를 연결하는 일은 쉽지 않다. 하지만 지금까지의 연구 결과로는 홍수나 산불 같은 자연재해나 극심한 환경 변화 때문에 일시적 혹은 영구적으로 거주지를 옮겨야 하는 환경난민[11]을 제외하고는 기후온난화나 더 쾌적한 환경을 이유로 해외 이주를 선택하는 경우는 드물다. 그보다는 정치·경제적 이유가 복합적으로 작용해 비직선적으로(non-linear, 직접적이고 단순한 직선형 인과관계보다 직간접적이고 복잡한 유선형, 나선형 상관관계를 의미)[12] 이뤄지거나, 위협 증가 요인(threat multiplier, 이주의 1차적 주요 원인은 정치·경제·사회적 요인에 있으나 기존의 위협을 증가시키는 2차적 추가 요인)[13]으로 인해 해외 이주를 선택하는 경우가 더 많다. 지금은 지구 면적의 1퍼센트가 극심한 열대 기후로 인해 피해를 입고 있다. 하지만 앞으로는 3분의 1이 이 같은 기후 변화를 맞이할 것이고 이로 인한 인구 이동은 꾸준히 증가할 것으로 예상된다.

환경적 요인은 기후 변화뿐만 아니라, 개인과 집단의 삶의 질을 결정하는 교육, 사회, 문화 요소를 모두 포함한다. 특히나 고등 교육과 취업, 결혼, 육아 등 인생에 있어 중요한 순간을 앞둔 청년들에게

11 Norman Myers, "Environmental refugees: a growing phenomenon of the 21st century", Philosophical *Transaction of the Royal Society of London B, Biological Sciences* 357(1420) (2002), pp.609-13. doi: 10.1098/rstb.2001.0953. PMID: 12028796; PMCID: PMC1692964.

12 David Kaczan, Jennifer Orgill-Meyer, "The impact of climate change on migration: a synthesis of recent empirical insights", *Climatic Change* 158 (2020), pp.281–300. https://doi.org/10.1007/s10584-019-02560-0.

13 Satchit Balsari, Caleb Dresser, C. & Jennifer Leaning, "Climate Change, Migration, and Civil Strife", *Current Environmental Health Report* 7 (2020), pp.404 – 414. https://doi.org/10.1007/s40572-020-00291-4.

환경 요인은 다른 어떤 것보다 복합적으로 작용한다. 혜린의 사례를 보면 이를 잘 알 수 있다. 조기 유학으로 교육 환경의 중요성을 절감했고 유학 이후에는 현지에 머물며 직장을 다녔다. 직장 문화를 비교했을 때 자신에게 더 알맞은 호주에 남고자 했던 것도 복합적 환경 요인의 작용이다.

1990년대에 한국에 세계화 바람이 불면서 한인 청년들이 해외로 대거 진출하기 시작했다. 그 이후에는 '기러기 아빠'라는 말이 유행할 정도로 조기 유학 붐이 일었다. 영어 실력이 대학 입시뿐만 아니라 취업의 주요 요건이 되면서부터 단기 어학연수 또한 드물지 않은 현상이 됐다. 해외여행, 단기 어학연수, 조기 유학 등을 통해 다른 세상을 경험해본 한인 청년들은 각자의 루트와 주어진 자산을 이용해 다양한 방법으로 이민의 가능성을 타진한다. 해외 경험이 무조건적이고 곧바로 이민으로 연결된다기보다는 시간을 두고 상황에 맞게 전개되는 사례를 인터뷰를 통해 꽤 많이 접할 수 있었다. 1991년에 처음 호주를 방문한 이후, 자녀의 영어 교육을 위해 13년 동안 주기적으로 오가다 결국 영주권을 취득한 제시의 경우가 이에 해당한다.

그러나 1960년대생인 제시와 달리, 1980년대생인 혜린과 로제에게는 더 포괄적이고 복합적인 요인이 작용했다. 혜린과 로제는 둘 다 30대 독신 여성으로 자녀의 조기 유학은 그들에게 해당되지 않는다. 이들에겐 결혼을 해 가정을 이루는 것보다 본인의 삶과 일이 우선이기 때문에 거주지를 결정하는 데 있어서 환경적 요인이 매우 크게 작용했다. 이렇듯 '워라밸'의 조화를 중요하게 여기는 젊은 세대일수록 자연 환경은 해외 이주의 주요한 요인으로 부상하고 있다.

이주에 영향을 미치는 환경적 요인에는 문화도 포함된다. 호주와 한국의 문화적 변화 혹은 호주와 한국을 바라보는 시각 변화에 기인한다. 캥거루와 코알라, 해변 등 '시골스럽게' 알려져 있던 과거의 호주와는 달리, 지금은 블랙핑크의 제니와 로제, 스트레이 키즈의 필릭스와 방찬, 뉴진스의 하니와 다니엘 등 호주 출신 아이돌로 인해 호주의 이미지가 새로워졌다. 이런 효과 때문인지 호주를 찾는 한인 관광객과 유학생의 수가 해마다 증가하는 추세다. 코로나19 이전까지 호주에서 한국은 워홀 출신국 5위, 단기 관광객 9위를 기록했다. 2023년 기록에 의하면 관광객 숫자는 288,010명으로 코로나19 이전 수준(280,480명)으로 회복됐다.[14] 이렇게 단기간 호주를 경험한 한인 청년은 나중에 이민을 실행할 수도 있다. 반대로 호주에서 태어난 이민 2세대나 어릴 적에 호주로 이민 온 1.5세대는 케이팝 등 한국 문화

14 Australian Department of Foreign Affairs and Trade, *South Korea Country Brief* at https://www.dfat.gov.au/geo/republic-of-korea/republic-of-korea-country-brief#:~:text=In%202019%2D20%2C%20prior%20to%20COVID%2D19%2C%20the%20ROK,-for%20the%20same%20period%20(280%2C480%20visitor%20arrivals).

의 인기를 비롯한 여러 가지 이유로 한국을 방문해 자연 환경, 문화, 신속한 서비스, 높은 시민 의식 등에 매료되어 귀환을 택하기도 한다.

환경과 이주의 관계는 자연 재해에서 발생하는 급격한 환경 변화, 기후온난화, 미세 먼지 등 객관적인 요건부터 환경과 문화에 대한 주관적이고 개인적인 선호에 이르기까지 광범위해서 앞으로도 꾸준히 관찰하고 연구해야 하는 부분이다. 재호한인과의 인터뷰를 통해, 호주에 정착한 후에도 날씨나 도시 환경에 대한 선호도가 달라 이를 기반으로 직장을 옮기거나 주거지를 옮긴 사람이 생각보다 많다는 것을 알 수 있었다. 20세기까지는 가난과 전쟁을 피하고 돈을 벌기 위해 이민을 택했다면, 요즘은 경쟁이 심하지 않은 교육, 복지 혜택, 깨끗한 자연 환경이 이민을 선택하는 중요한 기준으로 자리 잡고 있다.

다양해지는 한인 청년의 이민 형태

21세기의 한인 청년 이민 형태는 10대에서 20대 초반으로 이어지는 조기 유학과 교육 이주 후 발생하는 기술 이민으로 나타난다. 한국인의 교육열은 전 세계적으로 유명하다. 자녀의 더 나은 미래를 위해 교육에 투자하는 부모가 많은데, 그중 한 가지 방법이 유학이다. 초등학생 유학은 대부분 부모의 의지와 선택으로 이뤄지지만, 10대

후반에 가는 유학은 본인의 적극적 의지로 이뤄지는 경향이 있다. 이때, 부모로부터 신체적으로는 독립했으나 재정적으로는 의지하는 반독립적 생활을 하게 된다. 졸업할 즈음엔 이미 유학 생활에 익숙해진 상태에 재정적으로도 독립할 수 있는 역량이 생기면서 해외에 체류하며 기술 이민을 선택한다.

한인 청년의 기술 이민은 20대 때 경험한 교육이나 노동을 통한 단기 이주를 바탕으로 30대 때 결정되는 경우가 많다. 20세기에는 한국의 노동력 수출에서 비롯된 노동 이민이 기술 이민으로 이어진 형태라면, 21세기는 그만한 능력을 갖춘 기술 인력과 지식 인력이 자발적으로 기술 이민을 선택하는 형태다. 태권도 사범, 한식 조리사, 한국어 교사 등 한국인의 정체성과 관련된 기술부터 시작해 이제는 거의 모든 전문 분야에서 1세대 이민자를 쉽게 찾을 수 있다.

풍족한 가정에서 자랄 경우, 부모의 도움을 받아 기술 이민 1세대로 자리 잡는 것이 훨씬 수월하다. 하지만 그 반대의 경우에는 청년 본인의 노력이 많이 들어간다. 유복한 가정에서 자라 기술 이민을 한 청년과 여러 시행착오를 겪으며 기술 이민에 성공한 청년 사이에는 큰 차이가 있다. 이어지는 장에서 각각의 사례를 들여다볼 것이다.

두 나라를 자유자재로, 왕복 이민

왕복 이민이란 대개 두 국가의 시민권이나 영주권을 가지고 국가를 오가며 생활하는 것을 말한다. 현재까지도 한국과 호주를 오가며 생활하는 혜린과 로제의 경우가 왕복 이민에 속하며, 제시도 마찬가지다. 자녀 교육을 위해 몇 년 동안 주기적으로 타국과 본국을 오가는 것 또한 왕복 이민의 형태다. 왕복 이민은 단기 유학처럼 몇 년 동안 지속되기도 하고 혜린과 로제처럼 몇십 년 내내 이어지기도 한다. 이외에도 왕복 이민의 사례는 많다.

대표적인 왕복 이민의 경우로 꼽을 수 있는 이들은 국제기구, 대사관 등 해외 정부 기관에서 일하는 직원들이다. 특히, 험지로 알려진 내란국이나 교전 중인 국가에 파견된 직원들은 가족을 동반하지 못하기 때문에 짧게는 6주에서 길게는 6개월까지 근무를 하고, 가족이 있는 본국으로 돌아가 최대 2개월을 함께 보내고 다시 파견을 가는 형태로 생활한다. 각국의 대사관에서 근무하는 직원 역시 3년가량을 정기적으로 타국에서 근무하고 본국으로 돌아가 일정 기간을 보낸 후, 또다시 3년 동안 파견을 나가며 왕복 이민 생활을 한다. 대사관 직원의 경우에는 대개 가족을 동반해 출국한다. 이들의 자녀는 3년마다 학교와 친구들이 바뀌는 생활을 해야 하기 때문에, 어릴 적부터 새로운 환경에 금방 적응할 줄 아는 능력을 필요로 한다.

문화·예술계 종사자 들도 왕복 이민에 해당한다. 특히, 공연이나 작품 전시 기간 전후에 단기간만 방문해서 머무는 사람들이 아니라 공연과 작품 전시를 위해 장기간 준비하고 작업을 해야 하는 예술가들이 여기에 속한다. 이들 대다수는 출신국과 거주국을 옮겨다니는 생활을 한다. 재호한인인 신재돈 작가도 3개월씩 한국과 호주를 오가며 양국에서 작품 활동과 전시를 하고 있다. 이처럼 교포 예술가 중에 특히 이렇게 왕복 이민 생활을 하는 이를 많이 볼 수 있다.

왕복 이민 생활을 누리려면 재정적인 여유가 있어야 한다. 두 국가에 각각 집이 있어야 하고, 1년에 수차례 오가는 왕복 항공료도 무리 없이 지불 가능한 수준이어야 한다. 호주로 이민을 왔지만 재정적 여유가 부족해 수년간 한국을 방문하지 못한 이민자들도 존재한다. 내가 인터뷰했던 한 가족은 2000년대 초반에 부모가 자녀를 데리고 호주로 기술 이민을 왔는데, 그 후 호주에서 둘째를 낳고 그가 10대가 될 때까지 단 한 번도 한국에 가지 못했다. 이 가정은 자녀들끼리는 영어를 사용하고 부모는 자녀에게 한국어를 사용해 세대 간 언어와 문화 차이가 매우 컸다. 부부는 10년 넘게 호주에 거주하며 밤낮을 가리지 않고 식당일을 했는데 안타깝게도 영주권을 취득하지 못한 상태로, 면담 당시만 해도 조만간 추방될 위기에 처해 있었다. 호주에서 태어난 둘째가 열 살이 되는 해에 그가 자동적으로 호주 시민권을 받을 수 있게 되어, 자녀의 보호자로서 영주권을 취득하기를 바라고 있었다. 이들 가족에겐 왕복 이민의 여유나 영주권의 특권이 없었다.

이 장에서 살펴본 바와 같이 환경안보와 이민은 매우 복합적으로 얽혀 있다. 오로지 쾌적한 환경 때문에 이주를 선택하고 실행에 옮기는 청년은 없다. 하지만 결혼이나 취업으로 인해 거주국을 선택해야 하는 일이 생긴다면, 자연, 주택 환경, 직장, 여가 등 포괄적이고 복합적인 환경 요인이 선택과 결정에 있어 매우 중요한 역할을 한다.

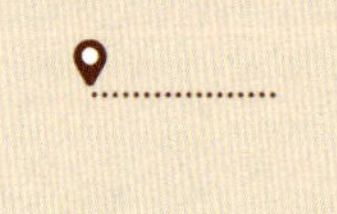

6장

워홀러에서 영주권자로

30대 초반의 남준은 군대 선임의 조언으로 호주 워홀을 오게 됐다. 그는 오렌지 농장을 비롯한 여러 농장에서 일했는데, 고용주의 도움으로 영주권을 취득했다. 도시가 아닌 시골에 정착한 그는 부동산에 관심을 갖고 투자해 집을 다섯 채나 소유하게 됐다.

20대 후반의 민지는 고등학교 1학년 때 부친의 단기 기술 비자를 통해 호주에 입국했다. 그러나 영주권 신청 자격 요건이 바뀌면서 부친이 영주권을 취득하지 못하게 됐다. 이에 가족들은 학생 비자로 전환해 호주에 다시 입국, 부친은 모친의 보호자 자격으로 입국했다. 민지는 졸업 후 졸업 비자 취득에 실패해 워홀 비자로 다시 호주에 오게 된다.

한국인의
호주 워홀 현황

2024년 6월, 호주 정부의 통계에 의하면 173,216명이 워홀로 호주에 머물고 있으며, 234,556명에게 워홀 비자가 발급됐다.[1] 국가별로 봤을 때 호주로 워홀을 제일 많이 신청하는 국가는 영국이었고, 그 뒤로는 프랑스, 아일랜드, 일본, 그리고 대한민국 순이었다. 15,977명이 2023~2024년 사이에 호주에 워홀 비자를 신청했고, 그중 14,984명이 비자를 발급받았다. 이는 코로나19 이전인 2019년의 통계치인 12,862명을 넘어선 숫자이며 호주 전체 워홀의 7.7퍼센트에 해당한다.

호주 정부는 1995년부터 대한민국 정부와 협약을 맺고 18세에서 30세까지의 대한민국 국민에게 호주에서 일하며 휴가도 즐길 수 있는 워킹 홀리데이 제도를 제공하고 있다. 이들은 1년에 한 번씩 워홀 비자를 연장해 최대 3년까지 머무를 수 있다. 1년 이상 머무르기 위해 워홀 비자를 갱신하고자 하는 사람은 시드니나 멜버른 같은 대

1 Department of Home Affairs, *Working Holiday Maker Visa Program Report*, June 2024 at https://www.homeaffairs.gov.au/research-and-stats/files/working-holiday-report-June-24.pdf.

도시가 아닌 지방 혹은 시골에서 최소 88일 동안 일해야 한다.[2]

호주 정부가 대한민국 국민에게 발급해주는 워홀 비자 발급률은 99.9퍼센트에 달한다. 워홀 비자 소지자의 현황은 조금씩 다른데, 출신 국가 순으로 봤을 때 한국은 영국, 아일랜드, 프랑스, 일본, 대만, 이탈리아에 이어 7위다.

호주 오렌지 농장의 한국인 매니저

남준은 1988년에 경기도에서 태어났다. 부모가 이혼한 뒤에는 모친을 따라 부산으로 이사해 그곳에서 중고등학교를 다녔다. 경상도의 한 국립대학 사범대에서 체육교육학을 전공했고 ROTC에 지원해 대학교 3학년에 올라가는 때에 입대했다. 졸업 후에는 장교로 2년간 근무하면서 특전사 장교로 해외 파병을 지원했다. 레바논으로 간 그는 유엔 평화유지군으로 소속되어 테러 위험 지역 순찰과 주민 보호 임무를 맡았고 부대 내에서는 태권도 공연도 하며 7개월을 보냈다. 2013년에 전역한 남준은 체육교육학으로 임용고시를 준비했다. 그러던 중 한 번 더 해외로 나가 경험을 쌓고 시야를 넓혀보자는 마

2 Department of Homes Affairs, *Subclass 417 First Working Holiday Visa* at https://immi.homeaffairs.gov.au/visas/getting-a-visa/visa-listing/work-holiday-417/first-working-holiday-417.

음이 들었다. 그의 군대 선임 중 호주로 워홀을 다녀온 사람이 있었는데, 남준은 그 선임을 떠올리며 워홀을 계획했다. 그는 농장에서 일하며 돈도 벌고, 첫 번째 워홀 비자가 만료될 시점에 두 번째 워홀 비자를 신청해 최대한 거주 기간을 늘려 오래 지내볼 생각으로 밀두라로 떠났다.

남준은 밀두라라는 시골 도시에 있는 오렌지 농장에서 88일 동안 일했고, 첫 번째 워홀 비자가 만료될 무렵에 두 번째 워홀 비자를 신청했다. 두 번째 워홀 비자를 받기 위해 기다리는 동안 남준은 여러 농장에서 일했다. 그의 군대 선임은 한인 워홀러들을 모아 밀두라 지역 농장에 일자리를 소개하는 인력 소개소를 운영했는데, 남준은 이를 통해 여러 농장에서 일할 수 있었다. 그는 농장 내에서 인력 관리도 했는데, 군대에서의 경험이 큰 도움이 됐다. 남준은 군대에서 익힌 대로 인원 점검, 보충 근무, 시간 관리를 체계적으로 하고, 정기적으로 농장주에게 보고했다. 새 직원이 들어오면 관리자에게 소개한 뒤 교육을 시켰고, 일하던 직원이 그만두면 새로운 사람을 구해 자리를 채우는 일도 맡았다. 농장주들은 남준의 조직적이고 체계적인 인력 관리에 매우 만족했다.

그는 군대 선임의 인력 소개소에서 매니저로도 일했는데, 남준의 선임은 4년가량 일하고 경력을 쌓으면 고용주 자격으로 영주권을 얻을 수 있게 도와준다고 약속했다. 그렇게 그는 낮에는 여러 농장을 돌보며 선임의 회사에서 일했고 밤에는 바텐더로 일해 돈을 벌었다.

그사이 남준은 워홀 비자를 학생 비자로 전환해 온라인 강의를 들으며 경영학 학위를 취득했다. 유학생 신분이라 등록금이 현지인보다 비싸긴 했지만, 온라인 강의로 받은 학위였기 때문에 8천에서 최대만 호주 달러라는 나름 적정한 금액이 들었다.

2년여간의 학위 과정을 마친 후 남준은 군대 선임의 도움으로 영주권을 취득하려고 했지만 그 계획은 무산되고 말았다. 호주 정부는 지방 농장의 인력 수급을 워홀러로 충당하는 정책을 시행하고 있었는데, 이 인력을 태평양섬Pacific Islanders 주민으로 충당하는 정책으로 바꾸면서 한인 워홀러의 수요가 줄어들었다. 게다가 2020년에는 코로나19로 인해 국경이 닫히면서 워홀 또한 금지됐다. 남준의 선임은 운영하던 인력 소개소 문을 닫고 한국으로 돌아가버렸다.

남준은 영주권 취득을 위해 다른 계획을 세웠다. 밀두라 지역의 여러 농장에서 일했던 그는 영주권을 받고자 일했던 농장을 찾아다녔다. 마침내 한 오렌지 농장에서 그의 제안을 수락했고, 2017년부터 2년 동안 일한 후 영주권을 취득했다. 당시 농장에서는 현지인을 고용하지 못할 경우, 남준의 영주권 신청을 지원하기로 조건을 내걸었다.

남준은 영주권을 취득한 후에도 줄곧 같은 오렌지 농장에서 일했다. 처음에는 오렌지를 따는 단순 노동에서 시작해 인사과장으로 일하다가 자동화 과정으로 오렌지를 선별하는 부서로 자리를 옮겼다.

농장주는 가족이 3대째 같은 지역에서 농장을 운영하며 부를 축적한 대지주였다. 남준은 그들을 통해 자연스럽게 지역에 관한 정보를 얻었고 부동산 투자에 관심을 갖게 됐다. 2019년, 남준은 영주권 취득 후 처음으로 본인 명의의 집을 구입했다. 그 다음해부터 1년에 한 채씩 집을 구입해 공유 주택(shared house, 여러 명이 함께 사는 주택. 방은 각자 사용하며 주방과 거실, 욕실을 공유하는 형식의 주거 형태)으로 운영하며 추가 수입원을 만들었다. 2025년 1월 기준으로 남준은 다섯 채의 주택을 소유하고 있었다. 그는 2022년에 한국 여성 워홀러와 결혼식을 올렸다.

나는 그에게 12년 전으로 돌아갈 수 있다면 지금과 다른 선택을 할 것인지 물었다. 놀랍게도 그는 호주에서 대학 진학을 했으면 어땠을까 생각해봤다고 했다. 그리고 언젠가 그때 하지 못한 공부를 하고 싶다고 했다. 밀두라를 워홀과 영주권 취득을 위한 장소로 선택해 승승장구하고 있는 남준의 모습을 보니 그의 후회가 약간 의아하기도 했다. 하지만 남준은 대학 진학을 선택했다면 거칠고 힘든 삶은 경험하지 못했을 것이라고 말했다. 나 역시 동의한다. 그는 대신 기술 학교Technical and Further Education, TAFE에서 농업이나 전기공 과정을 염두에 두고 있다고 했다. 기술 학교 등록은 지역 사회에서 주류로 편입되는 지름길이 될 수 있다.

명망 있는 4년제 대학에 진학하는 것은 교육열이 뜨겁고 취업 전쟁이 치열한 한국에서는 매우 중요하다. 하지만 호주로 이민한 청년이 계속 이런 생각을 갖고 있으면 현지 사회에 정착하는 데 방해되는 선입견으로 작용할 수 있다. 호주는 학력과 수입의 상관관계가 없다. 인건비 자체가 비싸기 때문에 기술력을 갖추고 있는 사람들이 학력이 좋은 사람들보다 수입이 높은 경우가 많다. 경쟁력 있는 기술을 갖추고 있다면 빠른 시일 내에 성공적으로 정착해 영주권을 취득하고, 경제적으로도 안정적인 환경을 만들 수 있다. 또 호주 내 한인 사회에 고립되지 않고 현지 지역 사회에 편입해 살아갈 수 있다. 이런 면에서 봤을 때, 남준이 농업과 전기 기술을 익히고자 하는 것은 그가 호주 사회에 성공적으로 적응했음을 보여주는 단면이다.

경제안보, 어디가 더 안정적인가?

청년이 이민을 선택하는 가장 큰 원인은 경제적 안정, 기초 소득 보장, 상해에 대한 확실한 책임, 즉 경제안보라고 할 수 있다. 경제안보를 기점으로 다른 인간안보 요소가 복합적으로 작용하면서 이민을 선택한다. 남준의 경우가 여기에 속한다. 가정을 꾸린다는 전제하에 한국과 호주를 비교해 높은 임금과 안정적인 직장이 보장되는 곳을 정착지로 정했다. 호주 내에서도 더욱 쾌적하고 한적한 자연 환경과 가족의 건강, 복지, 교육, 투자 요건 등 복합적인 환경안보와 건강안보를 고려해 밀두라에 정착했다. 앞에서 소개한 30대 독신 여성 혜린이나 로제와 달리, 30대 기혼 남성인 남준에게는 가족의 안전과 안보 환경이 중요한 요인이었다.

국제이주기구에 의하면, 2020년 기준 전 세계 인구의 3.6퍼센트인 2억 8,100만 명이 이주민에 해당한다.[3] 이는 1970년과 비교해 세 배가 증가한 수치다. 살면서 한 번쯤 직장 때문에 거주지를 옮긴 경험이 있을 것이다. 이 도시에서 저 도시로, 한 국가에서 다른 국가로 청년들은 더 나은 직장과 경제안보를 위해 이동하고, 비교와 종합적인 계산을 통해 영구 정착을 결심한다.

재외동포 700만 명 중에서 대한민국 국적으로 해외에 거주하고 있는 사람은 250만 명에 이르고, 이들 대부분은 동북아시아와 북미에 집중되어 있다. 그러나 더 자세히 들여다보면 동북아시아보다 호주와 뉴질랜드가 속한 남아시아태평양에 유학생과 일반 체류자가 더 많이 몰리고 있다. 호주는 한국인이 거주하는 해외 국가 중 미국, 중국, 일본, 캐나다, 베트남, 우즈베키스탄에 이어 일곱 번째에 해당한다.[4]

3 International Organization for Migration, *World Migration Report 2024* at https://world-migrationreport.iom.int/msite/wmr-2024-interactive/.

4 재외동포청 재외국민 현황(https://oka.go.kr/oka/information/know/status/).

20~40대는 가장 활발하게 경제 활동을 하는 나이다. 학력과 경력, 외국어 실력 향상을 위한 자기계발에 투자함과 동시에 최저임금과 연봉, 근로 시간과 여건에 가장 민감하게 반응하는 연령대이기도 하다. 150년 전, 존 코리아가 일자리를 찾아 호주까지 왔던 것처럼 지금도 수많은 한인 청년이 일자리를 찾아 호주로 향한다. 양털을 깎으며 광부로 일했던 존 코리아와 달리, 현재 한인 청년의 직업군은 단순노동인 농장부터 카페, 청소, 대학 교수까지 다양해졌다.

다른 워홀러들과 달리 남준의 사례를 성공적이라고 여길 수 있는 부분은 주택 구매와 같은 현지 정보를 바탕으로 한 부동산 투자 전략이다. 워홀 비자로 호주 도착 11년, 영주권 취득 후 5년 만에 다섯 채의 부동산을 소유한 것은 아주 놀라운 일이다. 금리를 고려해 대출을 받고, 월세를 책정하고, 집을 관리하고, 각종 세금과 보험금을 내는 일은 현지인도 쉽지 않다. 20년가량 영국, 미국, 스위스, 싱가포르, 호주 등 여러 나라에 거주했던 나도 부동산만큼은 쉽게 도전할 수 없는 분야였다. 남준은 직장인 농장을 중심으로 밀두라 지역 현지인들에게 들은 정보, 그리고 본인이 직접 지역 정부 기관에서 습득한 개발 계획 등을 바탕으로 주택을 구입했다.

밀두라에는 남준을 포함해 스무 가구 정도의 한인이 살고 있는데 아직까지 한인 사회라 할 정도의 규모는 아니라 자주 모이지는 않는다고 했다. 게다가 그는 교인도 아니라서 한인 교회를 포함한 그 어떤 교회에도 나가지 않는다.

회계학을 전공한 육류 가공 공장의 청소부

2019년, 한인 청년 워홀러를 연구하기 위해 빅토리아주 워남불Warnambool에 있는 대규모 육류 공장인 미드필드에 방문했을 때, 청소부로 일하고 있는 민지를 처음 만났다. 민지는 2011년 12월에 호주로 온 유학생으로 호주의 대학에서 회계학을 전공했다. 민지 같은 대부분의 유학생은 대학 졸업 후 졸업 비자로 짧게는 18개월 길게는 4년간 호주에서 일하며 거주 기간을 연장한다. 하지만 민지는 특이하게 대학 졸업 후에 졸업 비자가 아닌 워홀 비자를 신청했다.

민지는 전라북도에서 태어났다. 그는 선교 활동을 통해 캄보디아, 태국, 말레이시아, 피지 등에 2주간 머문 적은 있었지만, (과장일지는 모르나) 호주라는 나라를 한 번도 들어본 적이 없다고 했다. 더구나 한국을 떠나 해외에서 살 것이라는 상상도 해본 적이 없었다. 민지가 중학교 2학년 때 그의 부친이 호주로 발령을 받았는데, 그로부터 2년 후 부친이 기술 이민 비자를 신청하면서 나머지 가족이 호주로 이주하게 됐다. 2011년, 공항에 도착했을 때 민지는 타국에 왔다는 실감이 나지 않았다. 그저 2년간 보지 못했던 부친의 얼굴이 마지막 기억과 달리 너무 야위고 새까맣게 타 있어서 충격을 받았다.

당시 민지는 고등학교 1학년, 남동생은 중학교 3학년이었다. 그는 호주에 가면 입시 지옥에서 벗어날 수 있다는 생각에 해방감을 느꼈다. 민지는 먼저 어학 과정을 등록해 2~3개월 동안 공부한 후 9학년(한국으로 중학교 3학년)으로 편입했다. 하지만 민지에게 9학년 교과과정은 너무 쉬웠다. 그는 교감을 찾아가 학년을 올려달라고 요청했고 시험을 본 후에 월반했다. 하지만 민지는 나중에 그 선택을 후회했다. 당시에는 2년을 낭비한다는 생각이었는데, 원래대로 9학년부터 시작했더라면 대학 준비를 더 잘할 수 있었을 것이라고 했다. 호주는 에이 레벨A-level이라는, 학생이 직접 몇 개의 과목을 선택해 시험을 보는 제도가 있다. 대학 준비반인 12학년 시절에 동급생들은 7~8개 과목을 준비하는데, 민지는 여섯 과목밖에 준비하지 못했다.

민지는 회계학을 전공했는데 원래는 과학을 전공하고 싶어 했다. 하지만 실험을 하고 논문을 써야 하는 수업이 많은 과학은 영어 실력이 부족한 민지에게 장벽이 높았다. 원하던 공부는 할 수 없었지만 1학년 때까지는 매우 행복하게 다녔다. 그러던 중 남자친구와 헤어지고 2학년 2학기에 접어들면서 심한 우울증이 찾아왔다. 우울증은 3학년까지 지속됐고 여기에 취업에 대한 부담감까지 더해지면서 힘든 시기를 보냈다.

이 즈음, 민지의 부친이 기술 비자로 2년을 거주하면서 영주권 신청 자격 요건이 충족되어 온 가족이 영주권을 신청했다. 하지만 이때 마침 이민 정책 중 영주권 신청 제한 나이가 55세에서 50세로 변경됐다. 당시 51세였던 민지의 부친은 나이 때문에 영주권 신청 대상자에서 제외되고 말았다. 소송도 고려했으나, 시간과 비용이 많이 든다는 말에 포기했다. 민지의 가족은 한국으로 돌아갔고, 부친을 제외한 나머지 가족은 학생 비자로 전환해 호주로 돌아왔다. 민지는 종합대학에, 남동생은 기술 학교에, 모친은 한인이 운영하는 사설 기독 학교에 입학하는 형식으로 학생 비자를 받았다. 부친은 나중에 학생 비자 신분인 모친의 부양 가족 자격으로 입국했다. 이렇게 다시 호주로 돌아오는 과정은 민지에게 큰 심리적 부담이 됐다.

부양 가족 신분으로 정해진 시간 동안만 일할 수 있었던 부친의 사정으로 심한 경제적 어려움도 겪었다. 민지는 대학을 다니면서 엄마와 함께 청소를 비롯해, 빵집, 옷 가게, 음식점 등 유학생에게 허락된 주 40시간에 맞춰 일했다. 고용주는 대부분 같은 한인이었다. 다행히 한인 고용주들로부터 임금 착취 등을 당하지는 않았다. 민지의 고용주들은 대부분 교회와 연관된 한인들이기도 했다.

대학 졸업 후 민지는 졸업 비자를 신청했다. 그런데 법무사의 도움을 받지 않고 혼자서 하다 보니, 중요한 서류가 누락되어 졸업 비자를 발급받지 못했다. 1년을 기다렸는데도 비자가 나오지 않자 한국에 돌아가 워홀을 신청했다. 그는 한국에서 워홀을 준비하는 과정을 회상하며 이렇게 말했다.

> "무엇이든 해야겠다는 생각을 하게 되더라고요. 꼭 회계 일이 아니어도 비자를 받을 수 있는 일을 하자. 지금 비자를 받을 수 있는 수단은 워홀밖에 없으니 일단 고기 공장(육류 가공 공장)에라도 가서 일을 하자."

민지는 그렇게 워홀러로 멜버른에서 세 시간 거리에 있는 지방 도시인 워남불의 육류 가공 공장에서 청소부로 일하게 됐다. 이 역시 교회와의 인연이 있었는데, 그가 다니던 교회 목사의 도움이 있었다. 목사가 공장 관계자와 직접 아는 사이는 아니었지만, 그 지역에 선교를 다니면서 한인 워홀러가 많은 공장을 알게 됐고 민지에게 소개해 줬다. 2019년까지만 해도 멜버른의 한인 워홀러들을 지방 도시의 공장으로 알선하는 직업 소개소가 있었는데 코로나19 이후에 철수했다.

민지가 공장에서 일을 시작하자마자 코로나19가 발생했다. 빅토리아주는 2020년 3월부터 국경을 통제하면서 이동의 자유가 제한됐다. 민지는 멜버른과 지방 도시를 오가며 워홀 생활을 지속했다. 워홀 비자는 1년씩 한 번씩 갱신해 최대 3년까지 머물 수 있는데, 민지는 처음 신청한 워홀 비자로는 호주에 머물렀고 그 다음에는 워남불의 육류 가공 공장에서 일하며 두 번째 갱신을 신청했다. 그리고 워홀 비자를 마지막으로 한 번 더 연장하려고 했다. 그러면 1년 반 정도 더 호주에 머물 수 있는 자격이 생기는데, 이 기간 동안 전공을 살려 일하며 영주권을 신청할 계획이었다. 그런데 코로나19의 영향으로 공장 확대 계획이 취소되면서, 새 공장의 회계 직원으로 고용될 예정이었던 민지의 계획은 무산되고 말았다. 그는 재빨리 다른 방법을 찾아 나섰다.

민지는 대한무역투자진흥공사인 코트라Korea Trade-Investment Promotion Agency, KOTRA SNS 계정을 팔로우하고 있었는데, 호주 지방 도시의 회사에서 회계 직원을 뽑는다는 공고를 봤다. 민지가 사는 곳에서 차로 여섯 시간가량 떨어진 조그만 지방 도시였다. 기술 학교 행정 직원 1년, 회계직 인턴으로 3개월 동안 일한 민지는 경력을 인정받아 회사에 합격할 수 있었다. 세 번째 워홀 비자로 1년의 거주 기간을 남겨 놓고 민지는 또 다른 지방 도시로 거주지를 옮겼다.

호주에 거주한 지 10년이 넘도록 영주권을 취득하지 못한 이민 1세대와 그의 자녀들은 상당한 심리적 부담과 정신적 스트레스를 받는다. 정착을 결정했다면 영주권을 취득해야 교육비, 주택 구입비, 의료비 등에서 다양한 혜택을 받으며 살 수 있기 때문이다. 내가 인터뷰한 한인 이민자 가족 중 민지의 가족과 비슷한 사례가 있었다.

이 가족도 비자를 여러 번 바꿔가며 영주권을 얻기 위해 노력했지만 모두 거절당해 한국으로 돌아가야 할 처지였다. 자녀들은 호주에서 10년 이상 교육을 받았기 때문에 한국으로 돌아간다면 바뀌는 환경에서 겪을 혼란과 불안한 거주 자격으로 인해 심리적 부담을 느끼고 있다. 부모가 자발적으로 한국에 돌아가지 않으면 강제 추방을 당할 수도 있는 처지다. 이때 자녀가 할 수 있는 선택은 부모와 함께 한국으로 돌아가거나 법정 보호자를 두고 홀로 호주에 남는 것이다. 일반적으로 어릴 때 부모를 따라 해외로 나가 살 경우, 귀국 시 교육의 차이 및 모국어가 익숙하지 않아 적응하기 힘들어하는 사람이 많다. 그래서 이민 1세대 부모 중 이런 이유로 영주권 신청을 포기하지 않는 경우도 있다.

민지도 이와 비슷하다. 고등학교 1학년 때 부모를 따라 가족 비자로 호주에서 교육을 받았지만 부친이 영주권을 취득하지 못하면서 학생 비자와 워홀 비자로 전환해가며 불안정한 청소년기를 보냈다.

> "제가 저번에 워홀 비자 신청 때문에 한동안 한국에 있었는데 정말 살기가 좋긴 좋더라고요. (우울증은) 교회 다니면서 조금 나아졌다가 심해졌다, 나아졌다가 심해졌다 반복됐어요. (심리 상담은) 학교에서 받았어요. 한 번 다녀왔는데, 좀 별로였어요. 그냥 다 싫었어요. 그때 당시에 그냥 아무것도 하기 싫었고 모든 걸 혼자 했던 것 같아요. 자존감이 바닥을 친 상태였어요. '내가 어디 가서 뭘 할 수 있을까?' 이런 생각을 많이 했어요. 졸업 비자도 거절당해

서 당시에는 한국으로 거의 도망치듯이 혼자 간 거죠."

인터뷰 당시, 세 번째 워홀 비자로 또 다른 지방 도시에서 회계직에 종사하며 영주권을 신청하려고 계획하던 민지는 행복이라는 감정을 잘 느끼지 못하는 것 같다고 털어놨다. 그래도 최근 기억 중 가장 좋았던 것이 무엇이냐는 질문에 '어제 직접 만든 떡볶이'라는 대답을 했다. 또 호주에 산 지 10년이 됐지만 "나는 어쩔 수 없는 한국인이다" 하고 느낄 때가 언제인지 물으니, 매일 한국 음식을 먹을 때라고 답했다. 반대로 "10년 정도 살아 보니 호주 사람 다 됐네" 하고 느낄 때는 언제냐는 질문에 두 가지 답을 내놓았다. 첫째는 음식이었다. 호주 음식은 맛없지만, 호주에 있는 중국 음식이나 타이 음식이 생각난다고 했다. 둘째는 한국에서 외모에 신경 쓰지 않고 밖을 돌아다닐 때 "호주 사람 다 됐구나"라는 생각이 든다고 했다.

워홀러가 유의해야 할 것들

선 이민자와 후 이민자

20여 명의 호주 워홀러를 인터뷰하면서 발견한 공통점은 이들이 최초 거주 지역과 일할 곳을 선택하는 데 있어서 먼저 워홀을 경험한 다른 한인의 정보와 조언이 결정적으로 작용했다는 것이다. 대부분의 한인 청년 워홀러들은 형제자매, 친구, 선후배를 통해 일할 곳을 소개받는다. 워남불의 육류 가공 공장에서 일하는 20대 후반의 진도 호주에서 워홀을 한 친형의 영향을 받았다.

진은 한국에 있을 때 낮에는 의류 회사에서 근무하고 저녁에는 펍에서 바텐더 겸 바리스타로 일했다. 하루에 너덧 시간밖에 못 자면서 번 돈은 250만 원 정도였다. 그런데 호주 공장에선 새벽 4시 출근, 오후 3~4시에 퇴근해 시간적 여유가 있었고 월급은 두 배나 더 받았다. 진의 상사는 대만인인데, 전혀 눈치를 보지 않아도 되고 복지 제도에도 매우 만족했다. 상사가 성격이 좋아서 눈치를 안 봐도 되는 것일 수도 있으나, 호주 지방도시 공장의 직장 환경 자체가 상사의 눈치를 봐가며 비위를 맞춰야 하는 문화가 아니라고 보는 편이 더 정확하다. 동료들과 관계도 좋다. 진은 여기서는 자아실현과 생산적인 일을 할 수 있을 것 같아 호주에 정착해서 살고 싶다고 했다.

워홀러들 사이에서 발견되는 안타까운 점은 선 이민자들이 워홀 청년을 착취하는 사건이 빈번히 발생한다는 것이다. 6장에서 살펴본 바와 같이 1970년대부터 1990년 초반에 호주에 도착해 비교적 쉽게 영주권을 얻고 사업을 통해 경제적으로 성공한 재호한인 이민 1세대가 호주 상황을 잘 알지 못하는 청년 워홀러에게 접근해 경제적 착취를 하는 사례가 꽤 많이 벌어진다. 최저임금도 주말이나 시간 외 근무 시 줘야 할 추가 수당도 주지 않는다. 그러면서 영주권 취득을 돕겠다는 약속을 하면서 노동 착취를 하는데, 이런 사례가 발생하는 현실이 매우 안타깝다.

이민 1세대인 노년층과 청년 및 중장년층 간, 계급 및 계층 간, 언어 간의 차이로 인한 불화는 앞으로 더 깊게 연구해야 하는 부분이다. 우선 세대 간 불화는 이민 1세대가 언제 한국을 떠났고 당시 한국의 정치·사회적 상황이 어땠는지에 따라 큰 차이를 보인다. 앞서 언급했지만, 1970년대에 한국을 떠난 이들은 군사 독재 시절의 한국 문화와 악습을 호주 한인 사회 내에서 답습하며 주류 사회에 동화되지 못한 채 고립되어 지낸다. 그에 반해, 1990년 이후 이민자는 민주화와 세계화 이후의 한국을 경험했기 때문에 호주에서도 자유 민주주의의 가치를 따르고, 인권, 노사 문제 등 어떤 면에서는 호주보다 더 앞선 정의와 법치주의 정신을 지니고 있기도 하다. 이런 가치관의 차이가 세대 간 불화로 나타난다.

선 이민자인 노년층과 후 이민자인 중장년, 그리고 청년층 간의 불화는 경제·사회적 계층의 차이에서 비롯되기도 한다. 1970년대 말부터 1990년대 초까지 호주에 도착해 영주권을 취득한 한인 중 일부 전문직을 제외하면 거의 단순 기술직에 종사하거나 자영업을 하는 사람들이다. 이들은 대부분 한인 사회 안에서 다른 한인이 운영하는 회사나 영업장에서 일하고 그들이 형성해놓은 사회적 환경에서 생활한다. 한인 사업장에 고용되지 않은 경우에는 본인이 직접 음식점, 청소업 등 소규모 사업장을 운영하는데, 경력이 취약하거나 신분이 보장되지 않은 다른 한인을 고용한다. 2000년대 이후에 호주로 유입된 이민자들 중에서는 전문직 종사자도 상당수 증가했으며, 매우 다양한 직군에서 일한다. 워홀러 중에서도 남준처럼 대학도 졸업하고 해외 경험도 있으며 영어로 의사소통이 가능한 유능한 청년들이 호주로 유입되고 있다.

마지막으로 세대 간 불화는 언어 능력의 차이에서도 발생한다. 1970~1980년대에는 영어 실력이 뛰어나지 않아도 기술이나 노동력만으로도 비교적 쉽게 영주권을 취득할 수 있었다. 영주권을 취득한 다음에는 한국에 있는 가족들을 불러들였기 때문에 집과 직장에서도 한국어만 사용했다. 게다가 코리아타운 주변에 거주할 경우에는 영어를 사용할 필요가 없었다. 그렇기 때문에 그때 당시 이민한 이들 중 영어로 의사소통이 가능한 사람은 매우 드물다. 그래서 20년 이상 호주에 살고 있지만 영어로 대화가 되지 않는 한인 노년층이 아직도 존재한다. 영어가 되지 않아 한국 뉴스만 접하기 때문에 호주 사회에 대한 이해가 현격히 떨어진다. 이처럼 호주에 10년 넘게 거주한 사람이라고 해도 한인 가족과 한인 사회에만 머물러 있다면 영어로 의사소통하기가 쉽지 않다. 이렇게 스스로를 언어의 장벽에 가두고 지내는 이민자들을 쉽게 발견할 수 있다.

최근 호주에 도착한 청년 이민자들은 이미 초등학교 때부터 원어민과 함께 영어 공부를 하고 인터넷을 통해 전 세계 뉴스를 접하며 청소년기를 보낸다. 청년 이민자들은 영어에 익숙한 세대라 호주에 도착해서도 빠른 시간 내에 자유로운 의사 표현이 가능할 정도의 영어 능력을 갖추게 된다. 남준도 처음에는 군대 선임의 정보와 조언에 의지했는데, 호주 생활 4년 차가 되자 재빨리 다른 현지인의 농장으로 옮겨 영주권을 취득했다. 남준만 봐도 청년 이민자들의 이주 적응력이 높다고 볼 수 있다. 하지만 호주에서 대학을 다녔음에도 불구하고 10년간 계속 한인 교회와 한인을 통한 정보에 의지한 민지는 이런 사례와 상반된다.

영어 실력과 현지 적응 능력은 밀접하게 연결되어 있다. 지난 5년여간 만나본 한인 워홀러 사이에서도 가장 큰 고민은 바로 영어였다. 민지도 "그놈의 영어"가 고민이라고 했다. 공장에서는 기계 소음 때문에 현지인 동료들과 이야기할 기회가 거의 없고, 다른 한인 워홀러들과 지내고 있어 퇴근 후에는 영어를 쓸 일이 없다고 했다. 민지는 호주 생활이 좋아서 거주 기간을 늘리고 영주권도 얻고 싶지만 영어 때문에 고민이라고 했다.

지금까지 만난 한인 워홀러들을 관찰한 결과, 일부를 제외하고는 영어 실력이 크게 향상되지 않았다. 그 원인은 제한된 한인 사회 안에서의 활동에서 비롯된다. 매일 영어로 대화하고, 다양한 현지 음식을 먹어보고, 호주 축구Australian Rules Football, 등산, 서핑 등 여가 시간을 호주인과 함께 즐기다 보면 자연스럽게 영어 실력이 향상된다. 그럼 현지 정보도 빠르게 얻을 수 있다. ABC, SBS 같은 호주 뉴스를 매일 보면 현지 소식과 정치 상황, 경제 변동 등 사회적 이슈를 모두 섭렵하게 된다. 놓친 내용은 현지인 동료나 친구와 이야기하면서 다시 확인하고 업데이트하면 된다. 현지인의 영어가 너무 빨라 알아듣기 힘들다면, 영어를 잘하는 다른 이주자와 가깝게 지내는 방법도 있다. 그러면 문법이나 문장 구성이 조금 틀리더라도 부담 없이 영어를 구사할 수 있다. TV를 보며 혼자 지내기보다는 일과 후나 주말에 일부러 약속을 잡아 한두 시간이라도 영어로 대화를 나눌 것을 권한다. 아니면 마트에 가서 자신이 모르는 물건을 들고 어디에 어떻게 쓰는지 직원이나 다른 손님과 짧은 대화라도 시도하길 권한다.

비자 쇼핑과 전진 이주

재호한인 연구를 위해 만난 수많은 워홀러 중 워홀 비자에서 학생 비자로, 그리고 배우자 비자나 고용주의 지원을 조건으로 호주 정부에서 단기 기술 비자Skilled Employer-Sponsored Visa, subclass 482 혹은 영주권을 발급해주는 고용주 추천 비자Employer Nomination Visa, subclass 186[5]로 비자를 수차례 변경한 후에 영주권을 취득하거나 이 방법으로 영주권을 취득하려는 청년이 많았다. 그들은 이 과정에서 법무사나 이민 변호사를 만나 상담을 받으며 소위 비자 쇼핑[6]을 한다.

원래 비자 쇼핑이란 용어는 유럽 셍겐 비자Shengen Visa 체제 내에서 가장 수속 처리가 빠른 비자를 골라 지원하는 현상에서 비롯됐는데, 호주 영주권 취득을 위해 이민 변호사들이 제공하는 서비스도 이렇게 부른다. 워홀러들 중 한국으로 돌아갈 청년을 제외하고, 영주권 취득을 목적으로 한 워홀러는 호주에 도착과 동시에 거주 기간을 늘릴 수 있는 다양한 방법을 강구한다. 두세 번째 워홀 비자가 만료되면, 학생 비자 혹은 단기 기술 비자로 전환하거나, 배우자를 만나 배우자 비자를 신청하는 사례도 있다. 그리고 2년여 후에 영주권을 신청해 정착한다. 워홀 이후에 배우자 비자를 통해 영주권을 취득하는 사례는 여성들에게서 상대적으로 더 많이 관찰된다.

5장에서 소개한 왕복 이민과 달리 전진 이주onward migration[7]는 현재보다는 더 나은 거주 환경을 위해 장소를 이동하거나, 더 나은 거

5 Department of Home Affairs, Subclass 186 Employer Nomination Visa at https://immi.homeaffairs.gov.au/visas/getting-a-visa/visa-listing/employer-nomination-scheme-186.

6 Christine Chung, "Need a Visa to go to Europe? Get in (a very long) line", *New York Times*, 23 September 2023 at https://www.nytimes.com/2023/09/27/travel/europe-tourism-visas.html.

7 Jill Ahrens and Russell King eds., *Onward Migration and Multi-Sited Transnationalism* IMISCOE Research Series (London: Springer, 2023).

주 자격을 위해 비자를 바꾸는 이민자의 행동 양식을 의미한다. 5장과 6장에서 살펴본 대부분의 청년 이민자는 영주권을 얻기 전에 한 번쯤 해외여행이나 워홀 같은 단기 이주와 유학을 경험해본 사람들이다. 이들은 초기의 해외 경험과 누적된 정보, 그리고 재정적인 자원를 활용해 종합적으로 계산해서 장소를 선택한다. A에서 B로, B에서 C로 옮기는 전진 이주의 중간 시기에 청년 이민자는 새로운 기술을 익히며 능력을 키우는데, 이 과정에서 새로운 이주 기회가 생기면 과감하고 신속하게 결정하는 자신감도 얻는다.

워홀 비자에서 배우자 비자로 전환하는 사례는 비자 쇼핑이라고는 할 수 없으나 전진 이주의 한 가지 예다. 하니는 퀸즐랜드주State of Queensland에 있는 한 농장에서 워홀을 하고, 그의 초등학교 친구인 다니엘은 빅토리아주의 한 공장에서 워홀을 하고 있었다. 코로나19가 발생하면서 대부분의 워홀러는 한국으로 돌아갔지만, 하니는 다니엘이 있는 빅토리아주로 향했다. 처음에 워홀 비자로 입국했던 다니엘은 호주인 남자친구와 동거를 시작해 배우자 비자로 전환하고, 얼마 후 영주권을 받았다. 하니 역시 호주인 남자친구와 동거를 시작해 배우자 비자를 신청했다.

청년 이주와 정신 건강의 관계

비자 쇼핑, 전진 이주 등을 통해 호주 정착과 영주권 취득을 목표로 하는 한인 청년 이주자는 한국에서 경험해보지 못한 다양한 상황을 마주하게 된다.

다니엘은 퇴근 후 호주인 남자친구와 함께 간 파티에서 대부분의 사람이 마약을 하고 있는 걸 봤다고 했다. 그는 문화적 충격에 휩싸였지만 남자친구와의 관계를 유지하기 위해 얼마간은 이들과 어울렸다. 하지만 남자친구가 마약 중독으로 반려견까지 유기하자 그를 떠나기로 마음먹었다. 그러나 다니엘에겐 배우자 비자가 걸려 있어 영주권이 나올 때까지는 관계를 유지해야만 했다. 그는 남자친구가 유기한 반려견을 돌보며 영주권이 나올 때까지 기다렸고, 영주권을 취득한 후에는 남자친구와 헤어지고 간호사 과정을 시작해 매우 만족스러운 삶을 살고 있다.

다니엘이 경험한 호주 청년층의 사회·문화적 문제는 한인 청년들에게까지 확대되어 문화적 충돌을 일으키기도 한다. 호주의 청년 실업률은 2024년 기준 9퍼센트[8]로 한국의 6퍼센트[9]에 비해 높기는 하지만, OCED 국가 평균인 10.9퍼센트[10]를 넘지 않는다. 게다가 호주 정부는 여러 보조 정책을 마련해 청년 실업자들을 지원하고 있다.

8 Australian Bureau of Statistics, *Labor Force Australia* at https://www.abs.gov.au/statistics/labour/employment-and-unemployment/labour-force-australia/jul-2024#:~:text=-Media%20releases-,Key%20statistics,worked%20increased%20to%201%2C960%20million.

9 통계청, 고용 동향 2024년 1월.

10 OECD, *Youth Unemployment Rate* at https://www.oecd.org/en/data/indicators/youth-unemployment-rate.html#:~:text=Definition,youth%20labour%20force%20by%20gender.

특히 코로나19 기간에는 정부 지원금이 대폭 올랐다. 여기에 의지해 직업을 구하지 않고 청년 수당이나 구직 수당 같은 정부 보조금으로 지내는 청년이 네 명 중 한 명 꼴이었다.[11]

호주와 한국 모두에서 발견되는 더욱 심각한 문제는 청년층의 정신 건강이다. 호주에서는 청년 네 명 중 한 명이 우울증을 겪는다.[12] 15~34세 호주인의 우울증 증세는 2013년 10퍼센트에서 2021년 22퍼센트로 대폭 상승했다.[13] 극단적인 경우에는 우울증이 알코올이나 마약 중독으로 이어지기도 한다.

다니엘의 사례가 특수한 것은 아니다. 내가 대학 교수로 일하면서 관찰했을 때도 20대 초반인 학생들의 우울증과 약물 중독은 심각한 문제였다. 이는 유학생과 현지 학생 사이의 문화적 충돌을 일으키기도 했다. 과제를 내주면 마감일에 제출하는 학생 대부분은 동양계

11 Australian Institute for Health and Welfare, *Income support for young people* at https://www.aihw.gov.au/reports/children-youth/income-support.

12 Health Direct, *Depression in young people* at https://www.healthdirect.gov.au/depression-in-young-people#:~:text=Depression%20affects%201%20in%204,during%20adolescence%20or%20young%20adulthood.

13 Australian Institute of Health and Welfare, *Prevalence and impact of mental illness* at https://www.aihw.gov.au/mental-health/overview/prevalence-and-impact-of-mental-illness#ageandsex.

유학생이고, 현지 학생들은 마감일 연장을 요구하는 경우가 많았다. 마감일 연장의 이유는 대부분 시험으로 인한 정신 건강 악화였는데, 고통을 덜기 위해 대마초를 피우고 항우울제와 스테로이드를 과다 복용하는 등 약물 중독 문제가 흔히 나타났다. 이런 모습을 접한 동양계 유학생들은 문화적 충격을 호소했다. 한국을 포함한 동양에서는 정신 건강 문제가 있다 하더라도, 이를 병원이나 학교를 통해 적극적으로 진단받고 호소하는 문화가 아직까지 깊이 자리 잡지 않았기 때문일 것으로 추측한다.

한국 청년층의 우울증 발병률과 높은 자살률은 이미 잘 알려져 있다. 보건복지부 보건사회연구원에서 발표한 〈2022년 청년 삶 실태조사〉[14]에 따르면, 한국 청년의 32.1퍼센트가 우울증 위험군에 속한다. 이는 22.9퍼센트였던 2019년에 비해 9.2퍼센트포인트 증가한 수치다. 건강보험심사평가원 통계에서도 전체 우울증 환자 중에서 20~30대의 비율은 2018년 26퍼센트에서 2022년 36퍼센트로 증가했다.[15] 우울증 발병률은 호주보다 한국이 더 높은 셈이다. 문제는 한국의 우울증 치료율이 최저라는 사실이다. 정신질환에 대한 사회적 오명과 편견 같은 문화적 요인도 있지만, 항우울제를 처방할 수 있는 의

14 한국보건사회연구원, 2022년 청년 삶 실태조사(https://www.kihasa.re.kr/library/10110/contents/5757790).

15 건강보험심사평가원, 시·군·구별 정신질환 진료 통계(https://www.data.go.kr/data/15118810/fileData.do).

사가 정신과 전문의로 한정되어 있어 우울증 치료나 자살 예방이 제대로 이뤄지기 힘든 부분도 있다.[16] 이렇게 보면, 한인 청년이 호주에 와서 접한 정신질환 관련 처방 약물이나 과도한 약물 복용과 중독이 처음엔 문화적 충격으로 다가올 수 있지만, 장기적으로 치료와 예방에 도움이 될 수도 있겠다.

이민이 만드는 진화

청년 이민자는 생애 주기로 볼 때 전진 이주가 가장 활발한 시기다. 한 번이라도 이민을 해본 청년은 다시 이민을 도전하는 걸 두려워하지 않는다. 본인과 가족, 후세를 위해 더 좋고 안전한 환경으로 지속적으로 이동하며 진화한다. 여기서 말하는 진화란 자정 작용self-organisation을 통해 인간의 삶이 더 유리하고 안전한 방향으로 변화해가는 자연·생태적 과정을 의미한다. 이 자정 작용 중 하나가 이주, 이민이다. 여러 동물도 식량과 안전한 거처를 찾아 유리한 환경으로 이동하고 새로운 환경에 적응하며 변화해간다. 인간도 마찬가지다. 하지만 이 책에서는 식량과 같은 원초적인 요인을 넘은 복합적 인간안보

16 대한신경과학회, 나혜리, 우울증 진단과 치료(https://new.neuro.or.kr/bbs/?number=16889&mode=view&code=education&keyfield=&keyword=&category=&category2=&s_yearv=&e_yearv=&author=&subject=).

요건을 바탕으로 한다.

청년 시기는 부모에게서 독립해 본인의 삶을 개척하고 배우자를 찾기도 하는 매우 중요한 시기다. 전진 이주는 이들의 진화를 돕는 긴요한 수단으로 작용한다. 출생지가 아닌 곳에서 영주권을 취득하더라도 끊임없이 왕복 이주와 전진 이주를 하며 자신의 발전과 가족의 안녕을 추구한다. 이들은 이주라는 수단을 통해, 비이주자보다 우월하게 가지고 있는 실행력, 적응력, 순발력으로 본인 세대에서 한 단계 높은 진화를 이뤄낸다.

국가 간 조율이나 전 세계적인 컨트롤 타워가 없더라도, 국경이 열려 있는 한 전진 이주자의 이동을 통해 전 세계에 인적 자원이 배분된다. 때로는 국가가 적극적으로 개입해 이민 시장을 조율하기도 한다. 호주는 주기적으로 이민자 수를 조절해 국내 노동 시장을 보호하고 국제 경쟁력을 높인다. 2025년에는 유학생 수가 늘어나자 유학생을 27만 명으로 제한했다.[17]

따라서 호주 이민을 준비하고 있다면 호주 뉴스를 원문으로 보고 직접 정부 기관 홈페이지에 들어가 확인하는 것이 가장 빠르고 정확한 방법이다. 한 다리 건너 선 이민자에 듣게 되면 이미 한발 늦는다. 영어가 원활하지 않다면 번역기를 돌려도 되고, 챗지피티를 활용

17 Tiffanie Turnbull, "Australia introduces cap on international students," *BBC*, 27 August 2024 at https://www.bbc.com/news/articles/cd734wed3y9o.

해도 된다. 다른 누군가에게 의지하지 않고 스스로 정보를 확보하는 것이 중요하다.

이민은 사회와 국가를 진화시키는 도구다

1876년, 미지의 땅인 호주로 처음 이주한 존 코리아를 시작으로 인간안보와 이민에 대한 종합계산법을 바탕으로 호주로 이민을 결심한 20~30대 한인 청년들의 다양한 사례를 들여다봤다. 더불어 이민을 통해 청년이 어떻게 본인의 삶을 변화시켰는지, 상황에 따라 한국인의 이주 유형이 어떻게 변화했는지도 함께 살펴봤다.

19세기 말에서 20세기 초까지는 원초적인 식량안보를 확보하기 위한 이주가 대다수였지만, 일제강점기를 거치면서는 국민의 정체성을 유지하기 위한 집단안보, 한국 전쟁 이후에는 자유 민주주의를 향한 정치안보, 1970년대 이후로는 국가와 집단보다 개인안보, 그리고 1990년대 세계 여행 자유화 이후에는 경제, 환경, 건강 등 복합적인 안보 요인이 이민의 원인으로 작용했다. 1990년대 이전까지는 기아와 전쟁, 가난을 피하고 기본적인 생계를 해결하기 위한 단순 노동, 단순 기술 위주의 생존 이민이었다면, 이후로는 건강, 환경, 복지와 같은 삶의 질과 관련된 웰빙 이민으로 변화되어가고 있다. 한국의 경제 수준이 높아지면서, 호주와 한국 두 나라를 오가며 사는 왕복 이민, 영어 교육을 위한 조기 유학, 1.5~2세대가 한국으로 역이민을 하는 현상도 나타난다.

존 코리아와 남준의 사이에는 150년이라는 세월이 있다. 그 동안 호주와 한국의 국내외적 환경은 놀라울 만큼 변했다. 1973년 이후로 호주에서는 백호주의 정책이 공식적으로 사라졌고, 한국은 일제강점기와 한국 전쟁을 뒤로 하고 괄목할 만한 경제 성장과 민주주의를 이뤄냈다.

존 코리아는 1876년 골드러시가 한풀 꺾인 무렵에 아직 영국 식민지였던 호주라는 신대륙에 입국해 1894년에 호주 시민이 됐다. 그리고 그는 1901년 호주의 연방 정부가 수립되는 것을 지켜봤다. 백호주의는 존 코리아의 광산권 신청과 사회생활에 큰 영향을 미쳤지만, 수차례의 도전으로 결국 광산권을 취득했다. 코리아라는 성을 남기지 않았더라면 영원히 찾지 못했을 그의 이야기를 발굴하게 되어 연구자로서의 보람은 있었지만, 그의 무덤 앞에서 느낀 짠한 마음은 한

참 동안 가시지 않았다.

존 코리아의 이야기를 접하고 내게 직접 연락을 한 남준의 이민 사례는 성공 그 자체였다. 워홀로 시작해 안정된 직장, 결혼, 영주권 취득과 동시에 다섯 채의 집까지 소유한 그의 진취적이고 과감한 도전 정신은 앞으로도 많은 워홀러 사이에서 회자될 것으로 기대한다. 남준 외에도 수많은 20~30대 워홀러, 유학생, 단기 이주자가 호주에 정착하기로 결정하는 이유는 매우 다양하지만, 이 책에서 모두 소개하지 못하고 대표적인 일부 사례만 넣었다. 앞으로 이들이 40~50대를 거쳐 60~70대를 맞이하기까지 또 어떤 경험과 결정을 할지 계속 추적 연구를 통해 밝혀낼 계획이다.

나는 모든 이민 연구에 인간안보라는 개념을 적용한다. 이 책에도 같은 이론을 적용했다. 이미 여러 차례 언급했다시피, 인간안보는 1994년에 유엔에서 사용한 용어다. 기존의 국가안보와 달리 사람 중심의 안보 개념으로 이주 동기를 파악하는 데 있어서 중요한 배출과 유입 요인이 되어왔다.

책에서 소개한 다양한 한인 청년의 이민 사례를 보면, 청년은 스스로와 가족의 인간안보를 위해 이주를 선택해 새로운 환경에 적응해간다. 동시에 사회와 국가는 청년 이주민을 통해 다양한 노동력을 제공받으며 경제·사회적으로 발전한다. 청년 이주민과 이들이 속한 사회는 상호보완적인 관계로 얽혀 있다. 이런 상호보완적인 관계는 또 다른 청년 이민자들의 유입 요인이 되며 그 사회는 전보다 더욱 발전할 수 있다. 이민은 당사자인 청년 이민자뿐만 아니라, 그를 받아들인 사회와 국가 역시 진화하도록 하는 매개체다. 청년 이민자는 개인이 처한 환경에서 최대한의 역량을 발휘해 지금의 세대보다 최소한 한 단계 뛰어넘는 미래를 만들기 위해 준비한다. 이들이 향하는 곳을 관찰하면 어느 사회와 국가가 발전할지 예측할 수 있다. 반대로 이들이 떠난다면 그 사회에는 희망이 사라지고 있는 것이다. 여기서 강조하고 싶은 점은 인간안보가 객관적이고 물리적인 환경 조건이 아닌, 개인마다 환경을 대하는 주관적인 태도와 문화에 의해 좌우되기도 하다는 점이다.

책에 소개된 한인 청년 이주민은 중장년층으로 넘어가면서 가족과 후세대의 인간안보를 위해 지속적으로 전진 이주를 할 것이다. 이들의 후세대들도 인간안보가 더 보장된 곳으로 정착과 이주를 반복할 것이다. 이들이 어디로 향하는지 추적해보면 사회의 발전 방향을 엿볼 수 있다. 그곳이 한국일지 호주일지, 아니면 제3의 장소일지 아직은 모른다. 예측 불가한 미래만큼 청년 이민자의 종합계산법도 끊임없이 변화하고 진화할 것이다. 우리가 지금 150년 전의 존 코리아를 발견하고 한인 청년의 호주 이주를 돌이켜봤듯이, 150년 후에는 누군가가 우리의 이주를 분석하고 있을지도 모른다.

감사의 글

이 책이 나오기까지 어려운 일들을 견뎌나갈 수 있도록 도와주신 모든 분께 감사 인사를 올립니다.

특히, 멜버른대학교에서 호주국립대학교로 연구사업을 옮겨가도록 조언을 해주신 안토니아 핀인Antonia Finnane, 사라 로저스Sarah Rogers 교수님, 이를 가능하게 해주신 고려대학교 박귀현, 호주국립대학교 엄기민 교수님께 깊은 감사드립니다. 이분들이 아니었으면, 모든 것을 잃어버린 것만 같았던 상황에서 지금과 같은 연구를 계속할 수 없었을 겁니다. 학자로서, 작가로서의 삶을 이어간 것은 이분들 덕

분입니다.

암 투병 동안 제 곁을 지켜주기 위해 싱가포르에서 직장을 그만두고 돌아와준 남편에게 감사와 사랑의 마음을 표현하기에 말로는 턱없이 부족하기만 합니다. 한국과 영국 가족들의 사랑이 없었더라면 지금처럼 빠르게 병을 극복하고 책도 완성하지 못했을 것입니다. 마음의 상처를 치유하도록 응원과 위로를 보내준 친구들과 동료들, 여기에 모두 나열할 수는 없지만 잊지 않고 가슴속 깊이 따뜻하게 기억하고 있습니다.

이 책의 바탕이 된 연구는 2022~2025년 호주연구재단 디스커버리 프로젝트의 지원을 받았습니다. 설문과 인터뷰에 참여해주신 모든 재호한인분께 진심으로 감사드립니다. 이분들의 이야기가 아니었으면 이 책은 나올 수 없었습니다.

끝으로, 이민을 고민해본 한국의 청년, 이미 이민을 위한 과정 중에 있는 청년 이주자, 그리고 타지에서 산전수전 다 겪은 재외동포께 이 책이 조금이라도 도움이 되고, 여유를 줄 수 있기를 바랍니다.

2025년 10월

송지영

이민의 진화

첫판 1쇄 펴낸날 2025년 11월 5일

지은이 송지영
발행인 조한나
책임편집 문해림
편집기획 김교석 김유진 김하영 박혜인 함초원 조정현
디자인 한승연 성윤정
마케팅 문창운 백윤진 김민영
회계 양여진 김주연

펴낸곳 (주)도서출판 푸른숲
출판등록 2003년 12월 17일 제2003-000032호
주소 서울특별시 마포구 토정로 35-1 2층, 우편번호 04083
전화 02)6392-7871, 2(마케팅부), 02)6392-7873(편집부)
팩스 02)6392-7875
홈페이지 www.prunsoop.co.kr
페이스북 www.facebook.com/prunsoop **인스타그램** @prunsoop

ISBN 979-11-7254-089-0 (03910)